예수의 첫 수업

예수의 첫 수업

신우인 지음

1판 1쇄 발행 2012. 5. 11. | **1판 3쇄 발행** 2017. 9. 11. | **발행처** 포이에마 | **발행인** 김강유 | **등록번호** 제300-2006-190호 | **등록일자** 2006. 10. 16. | 서울특별시 종로구 북촌로 63-3 우편번호 03052 | 마케팅부 02)3668-3260, 편집부 02)730-8648, 팩시밀리 02)745-4827

값은 뒤표지에 있습니다. ISBN 978-89-93474-99-2 03230 | 독자의견 전화 02)730-8648 | 이메일 masterpiece@poiema.co.kr | 좋은 독자가 좋은 책을 만듭니다. | 포이에마는 독자 여러분의 의견에 항상 귀를 기울이고 있습니다.

산상수훈, 세상을 향한 가장 진실된 가르침

예수의 첫 수업

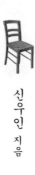

신우인 지음

포이에마
POIEMA

차
례

율법의
철조망을 넘어
생명이 넘치는
세계로

"그가 해낸 일이라면 나도 할 수 있다!"

당시 나이 91세였던 어부 제임스 할아버지는 《인생은 아름다워 *Life is So Good*》를 다 읽은 후 이렇게 외쳤습니다. 그 책은 98세 할아버지 조지 도슨의 문맹탈출기입니다. 책을 읽은 제임스도 문맹에서 탈출하겠다고 결심한 것입니다.

7년간의 눈물어린 노력 끝에 제임스 할아버지는 문맹에서 탈출했을 뿐만 아니라 《어부의 언어 *In A Fisherman's Language*》라는 수필집까지 출간하게 되었습니다.

세상에는 수많은 경계선들이 있습니다. 눈으로 볼 수 없는 것도 굉장히 많습니다. 그 경계선들의 이쪽과 저쪽에는 전혀 다른 세상, 차원이 다른 세상이 존재합니다. 글도 중요한 경계선 중에 하나입니다. 글을 읽고 쓸 줄 안다는 것은 경계를 넘어 새로운 세계로 들어서는 것입니다. 그런데 안타깝게도 많은 사람들이 경계선을 넘을 생각을 하지 않고 그 가치를 외면한 채 무의미하게 살아갑니다. 제임스의 훌륭한 점은, 나이에 굴복하지 않고 문맹이라는 철조망을 넘어 '저술'이라는 새로운 세계로 들어갔다는 것입니다.

'가시철망병Barbed Wire Sickness'은 정신병의 일종입니다. 세계대전 때 많은 사람들이 포로로 잡혀 오랫동안 가시철조망 안에서 살아야 했습니다. 그런데 전쟁이 끝나고도 많은 사람들이 밖으로 나올 생각을 하지 못한 겁니다. 거기서 유래한 병명으로 극도의 우울증이 찾아와 심신이 쇠약해지고 누워만 있어야 하는 병입니다.

오늘날도 마찬가지입니다. 돈, 권력과 탐욕, 아집과 증오 등 모두 다 저마다의 철조망 안에 갇혀 살고 있습니다. 이 병에 걸리지 않은 사람을 찾기 힘들 정도입니다.

가장 심각한 철조망은 율법과 교리입니다. 다른 철조망들은 어쩔 수 없이 갇히지만, 율법과 교리는 스스로 선택해 갇힙니다. 철조망을 높이면 높일수록, 좁히면 좁힐수록 자신이 잘하고 있다 생각할 정도로 무서운 영향력을 끼칩니다. 종교는 눈으로 볼 수 없는 신神을 추구하는 영역으로 절대성을 요구하기 때문입니다. 각 종교들은 절대적인 규율과 절대적인 교리를 강조하며, 그에 맞게 행동하는 사람들만이 신에게 가까이 가서 구원과 복을 받는다고 주장합니다.

그래서 시간이 지날수록 절대적인 규율과 교리들이 늘어가고 사람들을 점점 더 가둬버립니다. 이것이 종교가 강한 나라일수록 획일화되는 이유이기도 합니다.

기독교는, 획일화된 이념에 가두는 종교들을 무너뜨리고, 하나님께서 주신 생명과 개성과 능력들을 개발해 하나님의 자녀답게 사는 길을 열어주는 종교입니다.

하나님께서 십계명을 주셨습니다. 그런데 이스라엘 종교지도자들과 바리새인들은 2,134개의 율법으로 확장시켰습니다. 하나님을 잘 섬기기 위해서 그렇게 한 것입니다. 그런데 결과는 율법의 철조망에 갇힌 자신과 백성들이었습니다. 예수님께서 오셨습니다. 예수님은 그들에게 수천 가지 율법으로 하나님을 섬겨야 한다고 하지 않으셨습니다. 단 두 개로 줄여주셨습니다.

"네 마음을 다하고 목숨을 다하고 뜻을 다하여 주 너의 하나님을 사랑하라." 그리고 "네 이웃을 네 몸과 같이 사랑하라." 이 두 가지가 율법과 선지자의 모든 강령이라고 하셨습니다.

산상수훈은 예수님의 첫 번째 수업입니다. 종교와 율법의 철조망에 갇힌 사람들로 하여금 철조망을 넘어 하나님의 세계로 가는 구체적인 방법을 가르친 것입니다.

산상수훈을 배우면서 주의에 주의를 기울여야 할 점이 있습니다.

첫째, 예수님의 가르침을 각개의 규칙으로 따로 떼어놓고 보아서는 절대로 안 된다는 점입니다. 그렇게 하면 산상수훈의 각 내용들은 또 다른 율법의 철조망이 됩니다. 예를 들자면, 여자를 보고 음욕을 품는 자는 오른 눈을 빼어버리라는 예수님의 말씀을 율법으로 오해하여 자신의 눈에 상처를 입힌 청년처럼, 예수님께서 친히 가르치신 것이므로 더 절대적인 철조망으로 오해할 수 있습니다.

둘째, 그 가르침이 단계별로 되어 있다는 것입니다. 첫 강의, 팔복은 복 받는 비결이 아닙니다. 예수님께서 언급하신 여덟 종류의 사람들은 당시 자타가 공인하는 실패한 사람들입니다. 예를 들면, 마음이 청결한 사람은 마음이 깨끗한 사람을 지칭하는 것이 아닙니다. 사사건건 따지기를 일삼는 완벽주의자로서 사람들이 재수 없어 하는 사람을 의미합니다. 예수님은 그런 사람들도 복이 있다고 하셨습니다. 복이 있다는 것은, 사람들의 사랑을 전혀 받지 못하면서 스스로의 한계에서 허우적거리며 사는 사람들도 얼마든지 새로운 삶을 살 수 있다는 뜻입니다.

셋째, 복은 하나님께 치성을 드림으로 얻어지는 것이 아니라, 이미 하나님께서 내 안에 나만을 위한 복을 가득 채워 놓으셨다는 것입니다. 한 부모에게서 난 자녀들도 각각 다릅니다. 모두 다 독특한 개성과 재능을 하나님으로부터 받고 이 땅에 왔습니다. 그 생명과 개성과 재능이 바로 이 땅의 여행을 위한 하나님의 용돈입니다.

많은 사람들이 하나님의 뜻을 묻습니다. 그런데 하나님의 뜻처럼 쉬운 것이 없습니다. 내가 가장 잘하는 것이 곧 하나님의 뜻입니다. 그 사실을 모른 채 그저 이 땅에서 부귀영화와 무병장수를 누릴, 그 것도 힘들이지 않고 얻을 방도로 하나님과 교회 지도자들을 섬기는 행위는, 내 주머니에 하나님께서 주신 용돈이 가득한 줄도 모르고 거지가 되어 구걸하는 것과 다를 바 없는 행위입니다.

그 사실을 창세기 1장에서 이미 천명하셨습니다. "하나님이 자기 형상 곧 하나님의 형상대로 사람을 창조하시되 … 하나님이 그들에 게 복을 주시며 그들에게 이르시되, 생육하고 번성하여 땅에 충만 하라. 땅을 정복하라. 바다의 물고기와 하늘의 새와 땅에 움직이는 모든 생물을 다스리라 하시니라"(창 1:28).

내가 받은 '하나님의 형상'이 곧 '하나님의 복'임을 절대로 잊지 마십시오. 신앙생활이란, 잃어버린 나만의 독특한 하나님의 형상을 회복하고 그 형상을 극대화하는 것입니다. 그럴 때 하나님의 복도 극대화됩니다.

신앙생활의 본질에 대해 사도 바울이 다음과 같이 말합니다. "우 리가 다 하나님의 아들을 믿는 것과 아는 일에 하나가 되어 온전한 사람을 이루어 그리스도의 장성한 분량이 충만한 데까지 이르리니, 이는 우리가 이제부터 어린아이가 되지 아니하여 사람의 속임수와 간사한 유혹에 빠져 온갖 교훈의 풍조에 밀려 요동하지 않게 하려 함이라"(엡 4:13-14).

예수님께서 산상수훈을 마치시며 말씀하십니다. "나의 이 말을 듣고 행하는 자는 … 주추를 반석 위에 놓은 까닭이요"(마 7:24-25).

현재 내가 어떤 참혹한 처지에 처해 있어도 상관없습니다. 하나님의 아들 '예수님의 직강直講'을 들으며 차근차근, 한발 한발 내딛다 보면 어느새 나는 하나님의 나라, 전혀 차원이 다른 새로운 세계를 걷고 있을 것입니다.

문맹의 철조망을 넘어 저술의 새로운 세계를 걷고 있는 제임스 할아버지를 기억하며, 스스로를 격려하며 나만이 창출할 수 있는 독특한 영광을 하나님께 돌리기로 합시다.

흑암의 백성이 큰 빛을 보았고

나로 말미암아 너희를 욕하고 박해하고
거짓으로 너희를 거슬러 모든 악한 말을 할 때에는
너희에게 복이 있나니 기뻐하고 즐거워하라.
하늘에서 너희의 상이 큼이라.
너희 전에 있던 선지자들도 이같이 박해하였느니라.

마 5 : 1 - 1 2

"나는 왜 예수님을 믿는 것일까?"
"예수님은 내게 어떤 의미인가?"

2005년 4월, 평안남도 남포의 주민 102명이 한꺼번에 처형되거나 강제 수용된 사건이 있었습니다. 이들은 모두 그리스도인입니다. 남한의 기독교 방송을 비밀리에 청취한 사람들이 하나둘씩 모여 지하 교회를 만들었고, 그 교회에서 예배를 드리는 한 대학생이 친지에게 교회와 성경에 관해 이야기하는 것을 보안서 요원이 엿듣고 신고를 하게 된 것입니다. 북한 지하 교회에 생긴 최대 사건입니다. 지하 교회가 세워진 지는 2년 정도 되었습니다.

북한 지하 교회에서 사용하는 수기 성경책과 찬송가 가사가 적힌 손때 묻은 수첩을 본 적이 있는데, 그것을 본 순간 "어서 와 우릴 도우라"는 소리 없는 절규가 들리는 듯했고, 동시에 나의 안일한 신앙에 대한 부끄러움이 밀려왔습니다.

《필립 얀시, 은혜를 찾아 길을 떠나다What Good is God》에는 개종한 회교도에 관한 이야기가 실려 있습니다. 사우디아라비아의 시인인 파티마 알 무타이리는 26세 때 친오빠에게 살해당했습니다. 예수님에 대한 그녀의 묵상 기록이 발견되었기 때문입니다. 또 한 중년여성은 코란을 읽던 중 마호메트보다 예언자 예수에게 더 감명을 받았고, 그 이후 여러 체험을 통해 그리스도인이 되었습니다. 그녀가 가족으로 받아야 했던 박해는 말로 다 할 수 없습니다. 그럼에도 그녀는 예수님을 버리지 않았습니다.

하루에도 몇 번씩 기도문을 암송해야 했던 한 남자 회교도는, 어느 날 예수님께서 우리에게 주신 주기도문을 알게 됩니다. 그가 말합니다. "저는 하나님과의 진실한 관계를 원했습니다. 그러다가 주기도문으로 기도했는데, 그것이 제가 최초로 드린 진실한 기도이자 하나님과의 관계의 시발점이었습니다." 이후 그는 그리스도인이 됩니다. 그의 아내는 기독교로 개종한 남편에게 1년 동안 화가 나 있었습니다. 그러다가 예수님의 꿈을 꿉니다. 그리고 남편을 이해하게 되고 그녀도 그리스도인이 되었습니다.

북한이나 중동 지역에 사는 이들에게 기독교로의 개종은 모든 불이익과 심지어는 목숨까지 담보해야 하는 위험한 것입니다. 그러나 그들은 어떤 위험도 감수하며 그리스도인으로 살아갑니다.

왜 이들은 가족과 나라로부터 버림을 받으며, 또 온갖 불이익과 위험을 감수하면서도 예수님을 믿는 것일까요?

"나는 왜 예수님을 믿는 것일까?"

"예수님은 내게 어떤 의미인가?"

이 글을 읽는 한 사람 한 사람에게도 매우 중요한 질문입니다.

하나님의 자녀답게 사는 법

이 질문에 대한 답을 친히 예수님께서 해주십니다. 그 답이 예수님의 산상수훈입니다. 예수님은 산상수훈을 통해 우리를 향한 당신의 마음과 기독교의 본질을 가르쳐주고 계십니다. 나아가서는 우리가 하나님 앞에서 어떤 존재로 살아야 하는지에 대한, '하나님의 자녀답게 사는 길'을 가르쳐주십니다.

산상수훈을 마치신 후, 예수님은 다음과 같이 결론을 내리십니다.

그러므로 누구든지 나의 이 말을 듣고 행하는 자는 그 집을 반석 위에 지은 지혜로운 사람 같으리니, 비가 내리고 창수가 나고 바람이 불어 그 집에 부딪치되 무너지지 아니하나니 이는 주추를 반석 위에 놓은 까닭이요, 나의 이 말을 듣고 행하지 아니하는 자는 그 집을 모래 위에 지은 어리석은 사람 같으리니, 비가 내리고 창수가 나고 바람이 불어 그 집에 부딪치매 무너져 그 무너짐이 심하니라(마 7:24-27).

우리의 삶을 그 어떤 풍파에도 무너지지 않는 반석 위에 세워주시기 위함입니다.

당시 기독교를 박해했던 마르쿠스 아우렐리우스 황제 치하의 2세기 중반, 로마 제국 전역의 그리스도인들은 투옥과 고문과 죽음의 위협에 직면해 있었습니다. 비엔나의 집사 상투스도 체포되어 예수에 대한 믿음을 부정하라고 위협당했습니다.

"나는 그리스도인이다."

어떤 것을 묻든지 그는 똑같은 말만 반복하였습니다. 그가 다른 말을 할 가능성이 희박해지자, 그에게 심한 고문을 가한 후에 원형 경기장에서 공개처형하라는 선고가 내려졌습니다. 무자비한 폭행에 이어 뜨겁게 달궈진 쇠의자에 결박당하고, 끝내 사자의 밥이 되었지만, 심문자들은 그 짧은 신앙고백 외에는 어떤 말도 듣지 못했습니다. 상투스는 그리스도인이었습니다. 하나님의 자녀였습니다. 그 어떤 위협도 그를 흔들 수 없었습니다.

오늘날 그리스도인들이 작은 비난에도 사정없이 흔들리는 것을 흔히 봅니다. 모래는커녕, 거품 위에 서 있는 것 같습니다. 뭐가 잘못된 것일까요? 예수님의 산상수훈에는 잘못된 것이 무엇인지 구체적으로 밝혀주고 있습니다.

예를 들어봅니다. "음욕을 품고 여자를 보는 자마다 마음에 이미 간음하였느니라. 만일 네 오른 눈이 너로 실족하게 하거든 빼어 내

버리라"(마 5:28)고 하셨습니다. 아름다운 여인에게 눈길을 돌리지 않는 남자들이 어디 있습니까? 그렇다고 해서 눈을 뽑을 수는 없습니다. 실제로 자신의 눈에 상처를 준 청년이 있었습니다. 그런데 예수님의 말씀을 철저히 따른 그 청년은 칭찬을 받은 것이 아니라 정신병원에 수용되었습니다.

그렇다면 어떻게 하란 말인가라는 의문이 생깁니다. 바로 이 의문이 올바른 신앙으로 인도하는 실마리를 찾을 수 있습니다.

유대인들은 스스로 만든 율법에 갇혀버렸습니다. 그런데 자신들이 갇혀 있다는 사실조차 알지 못합니다. 예수님은 그들을 옭아매고 있는 율법의 사슬을 끊고 구원하러 오셨습니다. 그런데 예수님의 가르침은 율법보다 더 엄격합니다. 음욕을 품으면 이미 간음한 것이며, 노하는 자마다 살인을 한 것이라 하셨습니다. 율법으로부터 해방시키러 오신 분이 더 엄격하게 말씀하십니다. 앞뒤가 전혀 맞지 않습니다.

예수님께서 그렇게 하신 데는 분명한 의도와 목적이 있을 것입니다. 무서운 규칙에 갇히지 않은, 자유로운 영혼으로 기쁘게 예수님을 따라가기 위해서 우리가 반드시 해야 할 일이 있습니다.

그것은 반드시 예수님을 구원자이자 교사로 동시에 받아들여야 한다는 것입니다.

회교의 창시자 마호메트는 알라의 계시를 받고 그 계시를 가르쳤던 위대한 교사입니다. 그러나 구원자는 아닙니다. 불교의 부처도, 유교의 공자도 모두 위대한 교사입니다. 그러나 구원자는 아닙니다. 성인들도 올바른 신앙의 모범을 보여준 훌륭한 신앙인입니다. 그러나 구원자는 아닙니다. 그들은 위대하지만 전지전능하지는 못합니다.

서두에 기독교로 개종한 회교도 이야기를 하였습니다. 왜 기독교로 개종하였습니까? 예수님이 자신의 구원자임을 알았기 때문입니다. 예수님을 천국에 가는 법칙을 가르친 교사로만 알 때, 규칙에 얽매입니다. 한편 예수님을 단순히 구원자로만 알면, 무턱대고 자신이 처한 곤경에서 구원해달라고 빌기만 할 겁니다.

그러나 예수님을 교사이자 구원자로 받아들이면, 그 가르침을 깨닫게 하시고, 가게 하시고, 우리의 허물을 용서해주시고, 우리의 잘못을 교정해주시고, 힘들 때 격려하시며 능력을 주시고, 우리의 부족한 애씀을 기쁘게 용납하시고 마침내 하나님의 자녀로서의 성화를 이루어주십니다.

가장 중요한 본질

산상수훈을 올바로 이해하기 위해서 잊지 말아야 할 것이 있습니다. 모든 가르침이 그렇듯이 예수님도 기초부터 차근차근 단계별로 가르치셨다는 겁니다. 가르침을 개별적으로 따로 생각한다면 자신의 눈에 상처를 입힌 청년과 같은 행태가 나옵니다. 그 청년의 신앙이 옳은 것이 아니라, 병들었다는 것을 잊어서는 안 됩니다.

예수님께서 공생애를 시작하시면서 첫 말씀을 이렇게 하셨습니다. "회개하라, 천국이 가까이 왔느니라"(마 4:17).

'회개'를 생각할 때 우리는 단순히 '죄'를 떠올립니다. 그리고 '죄'라는 말을 들으면 통상 내가 잘못한 것을 떠올립니다. 그리고는 그 죄와 싸움을 시작합니다.

예를 들어봅시다. 성질이 괄괄하고 쉽게 화를 내서 다른 사람들에게 상처를 입힌 사람이 지금부터 자신의 천성을 죽이겠다고 애를 씁니다. 보통 어려운 것이 아닙니다. 그 결과, 좌절감이 켜켜이 쌓이고, 나는 어쩔 수 없는 인간이라는 자괴감과, 하나님과 사람들에 대한 죄책감이 듭니다. 이 정도도 해결하지 못하니 지옥에 갈 것 같습니다. 그러다가 "나만 그래?"라는 합리화 작업에 들어가거나, 달라진 척 경건을 가장합니다. 그런데 무엇보다도 중요한 것은, 그렇게 하는 동안 그의 삶은 위축되고, 정말 중요한 본질을 놓쳐버립니다. 잊지 말아야 합니다. 예수님의 가르침을 율법과 교리로 바꾸는 것이야말로 기독교의 최대 실패입니다.

하나님께서 이스라엘 백성들에게 십계명을 주셨습니다. 잘해보겠다고 종교지도자들은 10개를 2,134개의 율법 조항으로 확대했습니다. 10개의 자물쇠도 많은데, 2,134개의 자물쇠는 개인의 삶을 완전히 옭아매버립니다.

예수님께서 이 땅에 오신 것은 그 자물쇠를 풀어주시기 위해서입니다. 그러나 예수님의 가르침은 자물쇠를 폐기처분하는 것이라 생각해서는 안 됩니다. 예수님께서 말씀하십니다. "내가 율법이나 선지자나 폐하러 온 줄로 생각하지 말라. 폐하러 온 것이 아니요 완전하게 하려 함이라"(마 5:17).

"회개하라, 천국이 가까웠느니라"는 예수님의 선포를 마태는 이렇게 설명합니다. "흑암에 앉은 백성이 큰 빛을 보았고 사망의 땅과 그늘에 앉은 자들에게 빛이 비치었도다"(마 4:16).

죄와 싸우느라, 2,134개의 율법을 지키느라 사람들의 삶은 점점 더 위축되고 종래에는 흑암 가운데, 나아가서는 사망의 땅에서 꼼짝달싹 못하게 되었습니다. 만약 예수님의 가르침이 또 다른 율법이 된다면 가뜩이나 위축된 사람들을 더욱 옥죄는 것이 될 것입니다. 그렇게 되면 예수님의 가르침이 절대로 '큰 빛'이 될 수 없습니다. 어떻게 하면 예수님을 '큰 빛'으로 경험할 수 있을까요?

이는 그가 우리의 체질을 아시며 우리가 단지 먼지뿐임을 기억하심이로다(시 103:14).

예수님은 인간의 한계와 약점과 성향을 속속들이 알고 계십니다. 그러므로 예수님의 말씀 자체에는 이미 진단과 처방이 들어 있습니다. 그러므로 그 가르침의 깊은 뜻을 바로 알고 한발 한발 인도를 받으면 나도 모르는 사이에 큰 빛을 보고, 생명이 살아나며, 삶은 더욱 풍성해집니다. 그래서 구원에 이르며, 하나님의 은혜를 누리며 베풀며 살게 됩니다.

예수님께서는 "회개하라" 하셨습니다.

회개는 헬라어로 메타노이아_metanoia_로 '지난날을 후회하고 마음을 바꾼다'는 뜻입니다. 그런데 이 말은 히브리어 슈브_shuv_를 번역한 것입니다. 슈브는 '돌아온다'는 뜻입니다. 지난날을 후회하고 마음을 바꾼다는 것이나 돌아온다는 것이나 비슷한 뜻처럼 보입니다.

그런데 다릅니다. 나를 잘나가는 사람으로 가정해봅시다. 절대로 돌아서지 않습니다. 마음을 바꾸지 않습니다. 잘나가는데 왜 바꿉니까?

그런데 '돌아온다'는 것은 어딘가 원점이 있다는 말입니다. 설사 내가 잘나간다고 하더라도 원점과는 점점 더 멀어질 수 있습니다. 히브리어 슈브는 나의 형통 여부가 아니라, 원점에 초점을 맞추고 있습니다. 그러므로 원점을 찾는 것이 가장 중요합니다.

죄에 해당하는 히브리어 하타_hattah_의 뜻은 '빗나가다'입니다. 빗나간다는 것 역시 지향해야 하는 과녁이 있는데 그 과녁을 맞히지 못했다는 뜻입니다. 그러므로 과녁을 찾는 것이 가장 중요합니다.

원점과 과녁은 무엇일까요?

"회개하라, 천국이 가까웠느니라"는 말씀에 이미 그 원점과 과녁이 있습니다. 곧 '천국'입니다. 여기서 말씀하시는 천국은 죽은 후에 가는 하나님나라만을 의미하는 것이 아닙니다.

하나님의 임재 아래 살기

천국, 하나님나라는 곧 '하나님의 임재와 통치'를 의미합니다.

하나님나라는 이미 이 땅 위에 창조되었습니다. 바로 에덴동산입니다. 에덴동산에서 아담과 이브는 하나님과 더불어서 함께 살았습니다. 목자가 양들과 함께 있듯이 하나님께서는 아담과 이브 곁에 계셨습니다.

영이신 하나님을 육안으로는 볼 수 없었으나, 아담과 이브는 육체를 가진 영, 곧 생령生靈이므로 언제나 하나님과 교통하였습니다. 언제나 하나님의 임재와 통치 아래 살았다는 뜻입니다. 그런데 그들이 하나님의 말씀을 거역하고 사탄의 말을 따름으로 그들의 삶은 사탄의 임재와 통치를 받게 되었습니다. 에덴동산이 갑자기 사막이 된 것이 아닙니다. 풍성한 먹을거리와 생명수가 흐르는, 아름답고 풍요로운 동산이었습니다. 그러나 그들은 원점이요 과녁이신 하나님으로부터 빗나가자, 모든 것을 잃어버렸습니다.

사탄은 번영과 풍요가 인간을 구원한다고 가르쳤습니다. 그래서 번영과 풍요를 이루기 위해 인간은 밤낮으로 몸부림치게 되었습니다. 그러나 번영과 풍요는 쉽게 오지 않으며, 설사 왔다 하더라도 고뇌와 불안은 너무나 깊어져 해결 불능의 지경이 되었습니다.

사탄은 하나님의 율법을 잘 지키면 하나님께서 번영과 풍요를 주신다고 가르쳤습니다. 그리고 유난스럽게 믿는 사람들로 하여금 율법을 만들게 하고 지키게 하였습니다. 그래서 열심히 율법을 만들고 지키는 데 온 힘을 기울였습니다. 돈과 권력을 얻은 사람들은 내가 하나님의 율법을 잘 지켜 복 받았다고 목에 힘을 주었고, 그렇지 못한 사람들은 권력자 앞에서 주눅이 든 채 살게 되었습니다.

다시 말씀드립니다. 율법에 얽매인 것은 사탄의 계략입니다. 그 증거는 여기 있습니다. 예수님께서 율법을 잘 지켜 복을 받았다는 종교지도자들과 바리새인들을 향해 "독사의 자식"(마 12:34)이라고 부른 것입니다. 독사는 곧 아담과 이브로 하여금 하나님께 등을 돌리게 만든 사탄입니다. 종교지도자들과 바리새인들은 사탄의 졸개들이라는 것입니다.

여기서 중요한 것을 발견합니다.

첫째, 인생의 목표는 절대로 번영과 풍요가 아닙니다. 행복이 아님니다. 번영과 풍요와 행복이 인생의 목표가 될 때, 반드시 과녁으로부터 빗나갑니다. 둘째, 하나님의 법을 잘 지켜서 하나님께 잘 보여야 복을 받는다는 생각을 하면 할수록 과녁으로부터 점점 멀어집니다.

세상의 복음, 예수님의 복음

복음은 헬라어로 유앙겔리온*euangelion*, '좋은 소식'이라는 뜻입니다. 이 말은 예수님께서 처음 쓰신 것이 아닙니다. 로마로부터 멀리 떨어진 로마 식민지에 사는 로마 시민들에게 황제가 보낸 편지를 '유앙겔리온'이라 했습니다. 모든 이들에게 추앙받는 황제로부터 온 소식은, 대개 로마 시민들에게는 큰 이익이 되는 좋은 소식이었습니다. 로마 황제는 '번영'을 약속합니다. 황제의 번영은 '정복과 소유'를 통해서 이룩하는 것입니다. 번영의 목표는 '육신의 안락'입니다. 이것이 로마 황제의 유앙겔리온입니다.

여호와 하나님께서도 '번영'을 약속하십니다. 하나님의 형상으로 인간을 창조하신 다음 "생육하고 번성하여 땅에 충만하라"고 하셨습니다. 아브라함에게도 "너로 큰 민족을 이루고 네게 복을 주어 네 이름을 창대하게 하리니 너는 복이 될지라"(창 12:2)고 약속하셨습니다.

그런데 하나님의 번영은 로마 황제의 번영과는 차원이 다릅니다.

'여호와 샬롬'이라고 부르는 하나님의 번영은, 단순히 몸의 안락을 넘어 몸과 마음과 영혼의 소생을 의미합니다. 여호와 샬롬은 하나님과의 '관계'를 통해서 이루어집니다. 이것이 예수님의 복음입니다.

"세상 사람들도 역시 관계를 중시하는데요?"라고 반문할지도 모릅니다. 그렇습니다. 성공하기 위해서는 인맥人脈이 필수라고 합니다. 인맥도 분명 관계입니다. 그러나 이것은 자신의 이익을 위해 인위적으로 맺는 관계입니다.

인위적이라는 말을 곰곰이 생각해볼 필요가 있습니다. 인위人爲, 사람을 위한다는 뜻입니다. 그런데 인人자와 위爲자를 합하면 거짓 위僞자가 됩니다. '가짜'라는 뜻입니다.

로마 시대 때의 최고 인맥은 황제입니다. 그런데 황제와의 관계가 가짜라는 것은 로마 황제들이 자체 증명해주고 있습니다. BC 27년에서 284년, 로마가 분열 통치하기 전까지 300여 년 동안 49명의 황제가 있었는데, 평균 재임 기간은 6년 남짓입니다. 그런데 25명의 황제가 암살당했고, 4명이 자살했습니다. 암살이 두려워 황제 자리를 거절한 장군도 있습니다. 그나마 현명하다고 할 수 있습니다. 그 밖의 황제들도 전사 내지는 병사, 포로로 잡혀가 처형된 황제도 있습니다. 자연사한 황제는 단 한 명도 없습니다.

가만히 생각해보십시오. 우리 불행의 원인을 진실하지 못한 관계에서 생기는 갈등과 반목 때문이라고 해도 과히 틀린 말이 아닙니다. 결혼마저도 관계의 목적보다 소유의 목적이 큽니다.

최초의 살인은 형제 사이에서 일어났습니다. 범인은 형 가인입니다. 가인도 하나님께 제사를 드린 자입니다. 그런데 가인이라는 이름의 뜻이 무엇인 줄 아십니까? '소유와 획득'입니다. 결코 단순한 것이 아닙니다. 곧 로마 황제와 모든 사람들이 번영을 이루기 위한 방법으로 채택하는 것입니다. 기억하셔야 합니다. 로마 황제들의 반복되는 암살과 가인에 의한 동생 아벨의 죽음은 서로 다르지 않습니다.

당시 가장 경건하다고 자타가 공인했던 바리새인들의 숨겨진 탐욕을 예수님께서 질타하시면서 말씀하십니다. "바리새인들은 돈을 좋아하는 자들이라"(눅 16:14). "창세 이후로 흘린 모든 선지자의 피를 이 세대가 담당하되, 곧 아벨의 피로부터 제단과 성전 사이에서 죽임을 당한 사가랴의 피까지 하리라"(눅 11:50-51).

마음에 새기셔야 합니다. 인생의 목표가 소유와 획득인 사람은 반드시 가인이 된다는 사실을 기억해야 합니다.

아인슈타인이 이런 말을 하였습니다. "똑같은 방법을 행하면서도 다른 결과나 더 좋은 결과를 기대하는 것은 미친 짓이다." 이 말을 기독교 버전으로 바꾸면 이렇습니다. 로마 황제에서 여호와 하나님으로 바꾸었을 뿐, 여전히 같은 마음으로 섬기면서 같은 것을 바라는 것은 미친 짓입니다.

불이익과 박해를 감수하고, 나아가서 목숨을 걸고 그리스도인이 되는 것은 그저 예수님과의 동행으로 족하기 때문입니다. 예수님과의 동행은 곧 예수님과의 관계입니다. 예수님과의 관계는 곧 예수님을 사랑하는 것입니다.

사랑에는 2등이 없습니다. 가장 사랑하는 존재를 따르면 자동적으로 그 밖의 모든 것들을 버리게 됩니다. 그런데 예수님을 가장 사랑하여 그분을 따르기 위해 다른 모든 것들을 버리게 되면 이상한 일이 일어납니다. 생명을 얻게 되고 그 생명이 더욱 풍성해집니다 (요 10:10).

그래서 예수님은 가장 위대한 교사이자 유일한 구원자이십니다.

2

천국을 가진 사람들

심령이 가난한 자는 복이 있나니 천국이 그들의 것임이요.
애통하는 자는 복이 있나니 그들이 위로를 받을 것임이요.
온유한 자는 복이 있나니 그들이 땅을 기업으로 받을 것임이요.
의에 주리고 목마른 자는 복이 있나니 그들이 배부를 것임이요.
-
마 5 : 1 - 1 2

죄인들의 길에 서지 아니하며
오만한 자들의 자리에 앉지 아니하고

"이거 왜 이래? 나, 이대 나온 여자야!"
영화 〈타짜〉에서 주인공 김혜수가 한 유명한
대사입니다. 영화 속 여주인공은 결국 그 생각 때문에 파멸의
길을 걷습니다. 시대가 많이 변하긴 했지만, 여전히 이런 류의 말이
나름대로 힘을 발휘하고 있습니다.

더욱이 예수님이 계시던 당시에는 "나 바리새인이야"라는 말에
일반 백성은 물론 귀족들마저도 움찔하였습니다. 거기에는 이유가
있습니다. 당시 모든 사람들이 지니고 있던 견고한 믿음이 있었습
니다. 하나님의 율법을 잘 지켜야 복을 받는다는 생각입니다. 부자
이거나 권력을 가진 사람들은 모두 하나님의 율법을 잘 지켜 그렇
게 된 것이라고, 내가 지지리 고생하는 이유는 하나님의 율법을 지
키지 못해서 그렇다고 생각했습니다. 다른 생각은 꿈에서조차 하지
못했습니다. 그래서 하나님의 율법을 누구보다 잘 지키는 바리새인

들을 우러러 보았습니다. 그런데 그 생각에는 가장 깊은 함정이 있다는 것을 모든 사람이 알지 못했습니다.

예수님은 "회개하라, 천국이 가까웠느니라"는 말씀을 필두로 공생애를 시작하셨습니다. 온 갈릴리를 두루 돌아다니시면서 하신 일을 성경은 다음과 같이 설명합니다.

> 그들의 회당에서 가르치시며 천국 복음을 전파하시며 백성 중의 모든 병과 모든 약한 것을 고치시니(마 4:23).

예수님은 병을 고쳐주시고 약한 것을 강하게 하셨습니다. 예수님 오시기 전에도 하나님의 말씀을 전하는 사람들이 있었습니다. 그들도 가끔씩 기적을 행하기도 하였습니다. 그런데 예수님은 고치는 일과 가르치는 일을 동시에 행하셨습니다. 이렇게 하신 것은 하나님나라의 실체가 무엇인지 사람들로 하여금 체험케 하기 위함입니다. 정말 예수님과 함께 하나님나라가 이 땅에 임하였습니다.

생각을 멈춘 무리들의 맹종

하나님나라에 대한 사람들의 반응은 어땠을까요?

사람들은 예수님의 가르침을 듣기 위해, 또 병을 고치기 위해 구름처럼 모여들었습니다. 그런데 예수님을 좇는 사람들을 무리無理라고 부르고 있습니다. 물론 여러 사람들이 모여 있는 것을 '무리'라고 부르지만, 이 무리라는 말을 생각해볼 필요가 있습니다. '무리'는 '리理가 없는 사람'입니다. '리가 없다'는 것은 곧 '생각이 없다'는 것입니다.

멕시코 오지 원주민들에게 복음을 전하는 한 선교사가 이런 말을 했습니다. "복음을 듣는 그들의 표정에는 아무런 변화가 없었습니다. 그저 수천 년 동안 인생은 그렇게 사는 것이라고 여기며 아무런 생각이 없는 듯 보였습니다."

생각이 멈춘 사람이 곧 '무리'들입니다. 당시 사람들이 생각이 없거나 멈춘 이유는 여러 가지겠지요. 그중에서도 무엇보다 사는 것이 힘겨웠기 때문일 것이고, 또 종교 지도자들이 그렇다고 하니까 무조건 받아들인 것일지도 모릅니다.

요즘도 마찬가지입니다. 먹고 사는 일이 바빠서, 걱정과 근심 그리고 불평과 원망이 너무 많아서, 편하고 익숙한 것에 안주하느라, 무엇보다도 세상이 그렇다고 하니까….

언젠가 해고된 노동자의 아내가 사는 것이 막막하다며 내 앞에서 눈물을 뚝뚝 흘리며 이런 말을 하였습니다. "이제 애들 학원비는 어떻게 마련합니까?" 그 말에 제 마음이 무너졌습니다. 누가 자녀들을 학원에 보내야 한다고 했습니까? 하나님이 그랬나요? 아니요, 이것은 세상의 가르침입니다. 학원에 보내지 않으면 낙오한다는 세상의 가르침에 많은 부모들이 휘둘리고, 학원에 보내지 못하는 상황을 맞자 절망 외에는 다른 생각을 하지 못하는 것입니다. 괴테는 말합니다. "인간은 노예근성에 젖어 있어 자유를 박탈당하면 쉽사리 순종하는 법을 배운다."

교회에서 가장 많이 듣는 단어 중 하나가 '순종'입니다. 목사들이 소리 높여 외치는 순종의 색깔이 어떤 것인지 곰곰이 생각해보십시오. 무채색입니다. 표정이 없습니다. 천편일률적입니다. 그런데 그것은 순종이 아니라, 반드시 탈피해야 하는 '맹종'입니다.

하나님께서 원하시는 것이 과연 노예근성이나 자유를 박탈당한 맹종일까요? 절대로 아닙니다. 하나님은 생각이 멈춘 무리들의 맹종은 절대 사절입니다.

천국을 소유하는 일

심령이 가난한 자는 복이 있나니 천국이 그들의 것임이요. 애통하는 자는 복이 있나니 그들이 위로를 받을 것임이요. 온유한 자는 복이 있나니 그들이 땅을 기업으로 받을 것임이요. 의에 주리고 목마른 자는 복이 있나니 그들이 배부를 것임이요. 긍휼히 여기는 자는 복이 있나니 그들이 긍휼히 여김을 받을 것임이요. 마음이 청결한 자는 복이 있나니 그들이 하나님을 볼 것임이요. 화평케 하는 자는 복이 있나니 그들이 하나님의 아들이라 일컬음을 받을 것임이요. 의를 위하여 박해를 받은 자는 복이 있나니 천국이 그들의 것임이라(마 5:3-10).

당시 사람들이나 우리나 모두 이 말씀 앞에 서 있습니다.

어떤 이들은 이렇게 대답합니다. "전 가난하지 않아요. 심령도 가난하지 않아요. 그렇기 때문에 나는 해당사항이 없어요." 그리고 돌아서거나 자신의 생각대로 살아갑니다. 어떤 이들은 이렇게 대답합니다. "애통하는 자가 복이 있다니. 난 그렇게 생각하지 않아요." 쓰린 가슴을 부여잡고 걱정하고 투덜대고 원망합니다.

예수님께서 선언하십니다. "온유한 자는 복이 있나니 저희가 땅을 기업으로 받을 것임이요." 땅을 기업으로 받는다는 이 말씀에는 귀가 솔깃합니다. "온유한 자는 땅을 기업으로 주신다고 했으니, 그 복을 받기 위해 이제 온유한 자가 되어보자." 그리고는 질문합니다. "목사님 어떻게 해야 온유한 자가 됩니까?" 그러자 목사가 가르칩니다. "가장 온유하다고 칭찬받은 사람은 모세다. 모세처럼 하면, 모세처럼 한 나라 지도자가 된다." 그 말을 듣고선 모세를 닮으려고 무진장 애를 씁니다. 그런데 쉽지 않습니다.

'마음이 청결한 자'나 '긍휼히 여기는 자'는 대충 어떻게 하는지 짐작은 갑니다. 화가 나면 까맣게 잊어버리지만 '화평케 하는 자'도 어떻게 해야 하는지 알기는 압니다. 그런데 '의에 주리고 목이 마르려면' 어떻게 해야 하는지는 잘 모르겠습니다. 의에 주리고 목말라 본 적이 없기 때문입니다. 의를 위하여 핍박을 받아본 적도 별로 없어 잘 모르겠습니다. 아, 있기는 있습니다. 시댁이 불교 집안이라 교회에 나가지 못하게 하고, 남편은 뼈 빠지게 번 돈을 왜 십일조로 내느냐고 화를 냅니다. 그래서 남편 몰래 냅니다. 그렇게 고난을 견디며 신앙생활하는 자신이 대견스러워 보이고, 언젠가는 하나님께서 자신을 어여삐 여겨 복을 주시리라 굳게 믿습니다.

정말 쉬운 게 하나도 없습니다. 천국을 소유하거나 하나님을 뵈올 일이나 땅을 기업으로 받기가 대단히 어려울 것 같습니다. '이 일을 어쩌나, 하나님의 복도 듬뿍 받고 천국에도 가야 하겠는데….' 그래서 '주의 종님(목사)'을 하나님처럼 모시고 예배, 전도, 봉사, 헌금에 열심을 냅니다. 그래도 그게 가장 확실해 보이기 때문입니다. 그러나 가끔 예배도 빼먹고 전도나 봉사는 뒷전이고 생각나면 십일조하다가 어려운 일이라도 닥치게 되면, 하나님의 진노가 임했나 싶어 가슴이 덜컹 내려앉습니다.

과연 우리더러 그렇게 하라고 예수님께서 복 있는 사람들을 이렇게 열거하고 설명하신 것일까요?

복 받을 조건을 뒤집어 엎다

예수님의 이 말씀은 '선언'입니다. 선언은 못을 박아 확정한 말씀입니다. 이에 대해 아무리 반박하고 비판하고 비웃어도 예수님은 묵묵부답하실 거고, 변경 불가라 단정지을 것입니다. 내가 그렇다고 하면 그런 것이니, 알아서 행동하라는 것입니다. 복이 있다고 믿고 출발하면 복이 임할 것이고, 뒤돌아서면 할 수 없다는 것입니다. 예수님의 이 선언은 그동안 당연히 생각해왔던 모든 것을 뒤집는 것이었습니다. 당시 심령이 가난한 자, 애통하는 자는 아무것도 이룰 수 없다고, 모두들 그렇게 생각하였습니다.

지금도 그렇게 생각합니다. 요즘 가난의 대물림이나 부의 세습에 대해서 언론매체가 연일 강조합니다. 사람들도 그렇게 생각합니다. 그러나 예수님은 아니라고 선언하십니다. 가난한 사람들에게 복이 있다, 애통하는 사람들에게 복이 있다, 이렇게 확정지으셨습니다.

열세 살짜리 여자아이가 있었습니다. 어머니가 가출한 충격 때문에 아버지는 뇌경색으로 쓰러지셨습니다. 굶는 날이 그전보다 더 많아졌습니다. 참을 수 없는 배고픔에 급기야 집 앞 제과점에서 빵을 훔쳤습니다. 그때의 빵맛은 최고였습니다. 빵을 훔치는 것은 일상이 되었습니다. 어느 날 인적 없는 곳에서 훔친 빵을 먹다가 갑자기 목이 메었습니다. 자신도 모르게 눈물이 흘러내렸습니다. 그 눈물은 통곡으로 바뀌었습니다. 울고, 울고, 또 울었습니다.

소녀는 왜 울었을까요? 자신의 신세가 딱해서? 맞습니다. 그러나 소녀는 더 근원적인 생각을 하게 됩니다. 빵을 훔쳐 먹고 있는 자신이 너무나 한심했습니다. 아무리 가난하다고 해도 이렇게 사는 것은 아니라는 생각이 들었던 거죠. 그리고 새로운 인생을 살기로 합니다. 이후 아무리 어려워도 참고, 참고, 또 참았습니다. 몇 년 후 그녀는 세계 여자 복싱 챔피언이 됩니다. 상금으로 받은 300만 원 중 30만 원을 들고 그 옛날 빵을 훔쳐 먹었던 가게로 가서 주인 몰래 조용히 놓고 옵니다. 소녀의 이름은 '김주희'입니다. 그녀는 6개 체급에서 세계 챔피언에 오릅니다. 그리고 그녀는 시간이 나는 대로 노숙자를 위한 밥차 봉사를 합니다.

주희 양이 예수님을 알까요? 그건 잘 모르겠습니다. 그러나 훔친 빵이나 먹고 살아서는 안 된다고 생각했고, 주린 배를 안고 일어섰습니다. 그리고 복싱 체육관을 찾았습니다. 수도 없이 쓰러졌고, 엄지발가락을 잘라내야 했고, 타이틀을 반납하기도 하였지만, 이를 악물고 이겨냈습니다.

이번엔 앞니 빠진 뚱뚱한 중년 아저씨 이야기를 해볼까요? 핸드폰을 파는 가난한 세일즈맨, 연이어 찾아오는 병마에도 그는 돈을 아껴 좋아하는 성악을 연마하였습니다. 주위 사람들은 네 주제에 성악은 해서 뭣하냐고 비웃음을 날려주었죠. 아랑곳하지 않고 열심히 했습니다. 그런데 비아냥거리던 세상이 마침내 그를 알아보았고, 그의 노래에 감동하였습니다. 그의 이름은 폴 포츠. 그는 전 세계 어디든 자신을 불러주는 곳으로 향합니다. 한국까지 와서 소년원 아이들을 위해 노래했습니다. 감옥에 갇힌 너희들에게 복이 있다고, 노래로 말을 겁니다.

마음에 새기십시오. 명심하십시오. 팔복은 복 받을 조건을 열거한 것이 절대로 아닙니다.

신앙생활의 출발점

팔복에 언급되고 있는 사람들은, 당시 생계나 신분이나 차별에 의해 율법을 지키지 못하고 소외된 자들입니다. 그렇게 해서는 결코 하나님의 복을 받을 수 없다고 비판을 받고 또 스스로도 그렇게 생각한 사람들입니다. 가족이나 주변 사람들을 생각해보십시오. 마음이 유순하여 자기주장도 못하고 허구한 날 친구들에게 치이는 자녀들, 자기 것은 챙기지도 못하면서 퍼주기만 하는 남편, 남 불쌍한 꼴은 그냥 넘기지 못하는 아내, 정치적 야망은 눈곱만큼도 없으면서 순수한 마음으로 민주화니, 환경이니, 외국인 노동자니 하며 인권 문제를 쫓아다니는 사람들… 그런 식구들을 대견하고 감사한 마음으로 바라보는 사람들이 몇이나 됩니까?

'이 험한 세상, 어떻게 살려고 저러나' 하는 마음으로, '저 무능한 인간 만나 내가 이 고생이야. 제 식구나 좀 돌보지' 하는 마음으로 끌탕하고, 내 생각대로 개조하려고 합니다. 그런데 지지리 복 없는 그 사람들을 향해 예수님께서는 복이 있다고 하십니다.

복 있는 사람이 되기 위해 반드시 점검해야 할 것이 있습니다. 내 생각은 어디에 멈춰 있는가 하는 것입니다.

"나, 이대 나온 여자야." "나, 잘나가는 목사야." "난 안 돼, 비빌 언덕이 하나도 없어." "복 받으려면 기도 열심히 해서 하늘 보좌를 움직여야 해." 수많은 생각들이 있습니다. 부분적으로 맞는 말입니다. 그러나 동시에 틀린 생각입니다. 그런데 정작 봐야 할 것은 내 생각이 멈춰 있는가 하는 것입니다. 어떤 것이든 멈춘 생각은 반드시 나를 사로잡아 가두고 맙니다. 만약 팔복에 열거된 내용들이 복 받는 조건이 된다면 언젠가는 또 다른 생각에 갇히고 말 것입니다.

시편 1편에 기록된 '복 있는 사람'은 생각이 움직이는, 곧 무리에서 벗어난 사람입니다.

"복 있는 사람은 악인들의 꾀를 따르지 아니하며"(시 1:1). 눈앞에 큰 이익이 있어도 잔머리를 굴리지 않습니다. 학원비가 없어도 절망하지 않습니다. 세상보다는 예수님의 가르침을 앞세웁니다.

"죄인들의 길에 서지 아니하며"(시 1:1). 예수님의 가르침에 비추어 잘못된 길이라면 돌아섭니다.

"오만한 자들의 자리에 앉지 아니하고"(시 1:1). 아무리 잘나가도 으스대지 않습니다. 내 생각을 내려놓고 예수님의 가르침대로 살아갑니다. 그 결과, 나는 시냇가에 심은 나무처럼 어떤 경우에도 마르지 않습니다. 과실을 많이 맺습니다.

반면 '복 없는 사람'은 따르려다 곧 주저앉아버리는 사람입니다.

당시 사람들은 예수님의 선언에 이렇게 반응하였습니다. "무리들이 그 가르치심에 놀라니 이는 그 가르치시는 것이 권위 있는 자와 같고 그들의 서기관들과 같지 아니함일러라"(마 7:28-29). 그들은 예수님의 선언을 듣고 받아들였습니다. 관습과 절망에 절어 생각이 멈춘 무리에서 벗어나 소망을 향해 출발하기 시작했습니다.

내가 누구이든지, 어떤 환경, 어떤 조건, 어떤 상태에 있든지, 세상이 무슨 말을 하든지 이미 내 안에는 하나님의 복이 있습니다. 이것은 우리를 만드신 하나님의 아들, 예수님의 선언입니다. 이 선언을 받아들이고 내 안에 있는 복을 찾고 실현하고 창출하기로 결단합시다. 이것이 바로 신앙생활의 출발점입니다.

여기에 해당되는 사람들은 출발선상에 줄을 서십시오. 그리고 출발하십시오.

예수님의 두 번째 선언

너희는 세상의 소금이니 소금이 만일 그 맛을 잃으면 무엇으로 짜게 하리요. 후에는 아무 쓸 데 없어 다만 밖에 버려져 사람에게 밟힐 뿐이니라.

-

마 5 : 13 - 16

잡초와 돌멩이로 살겠습니까?
소금과 빛으로 살겠습니까?

아프리카 어린이 돕기 자선단체에서 일하는 김영미 씨는 한 후원자에게 전화를 걸었습니다. 지난 달 후원금이 계좌로 입금되지 않았기 때문입니다. 젊은 여자가 전화를 받았습니다. 용건을 말하자 그녀는 당황해하며 예금 잔고가 바닥난 것을 미처 몰랐다고, 곧 보내겠다고 말했습니다. 컴퓨터 모니터에 나타난 그녀의 나이와 주소지가 눈에 들어왔습니다. 20대 초반이었고 고시원에 살고 있었습니다. 고시원에 살면서도 아프리카 어린이를 후원해주는 그 학생이 너무나 고마웠습니다.

어느 추운 겨울날, TV를 통해 노숙자들의 삶을 보았습니다. 오래전부터 생각했지만 미처 실행에 옮기지 못했던 일을 하기로 마음먹었습니다. 부랴부랴 침낭을 구입해놓고 교인들에게 문자를 보냈습니다. 노숙자들에게 침낭 나눠주실 분들은 모이라고 말입니다. 밤 11시 교회 1층 로비에 모인 사람들은 30명 정도였습니다. 수원, 인천, 의정부에서까지 오셨습니다. 그렇지 않아도 오고 가는 길에 있던 노숙자들이 눈에 밟혔다는 것입니다.

자기 형편도 어려운 여학생은 왜 얼굴도 모르는 아프리카 어린이들을 돕는 것일까요? 성도들은 왜 야심한 때에도 왜 노숙자들을 위해 먼 길을 마다 않고 온 것일까요? 착한 일 많이 해서 하나님으로부터 복 받기 위해서입니까?

귀국하고 처음 맡은 일은 한 대형 교회의 행정 목회였습니다. 조금 있어 보니 교인들 사이에서 '눈도장 찍기'라는 말이 떠돌아다녔습니다. 첨에는 무슨 말인가 했습니다. 그런데 알고 보니 담임목사가 공공연히 눈도장 찍기를 강조하는 것이 아닙니까?

가장 한심한 일 중 하나가 바로 '눈도장 찍기'입니다. '눈도장 찍으라는 사람'과 '눈도장 찍으려는 사람'처럼 한심한 사람들도 없습니다. 하나님께서도 눈도장 찍는 일따윈 하지 말라고 친히 말씀하셨습니다. "너희가 내 앞에 보이러 오니 이것을 누가 너희에게 요구하였느냐. 내 마당만 밟을 뿐이니라"(사 1:12).

눈도장 찍기 위한 것이라면 넘치는 제물이나 헌금도 하나님께서 '가증히 여기는 바'(사 1:13)라고 분명히 하셨습니다. 하나님께는 열심히 눈도장 찍어도 소용없고 오히려 책망만 듣는 판인데 목사에게 눈도장 찍어 봤자입니다.

왜 눈도장을 찍으려 할까? 예수님의 가르침을 복 받는 비결로, 법칙이나 규칙으로 받아들이기 때문입니다. "나 말씀을 잘 지키죠? 그러니까 복 주세요"라는 마음이 있기 때문입니다.

예수님의 팔복은 복 받는 비결이 아닙니다.

너희는 세상의 빛이라

예수님께서 복음을 가르치면서 온갖 병들을 고치셨습니다. 삶에 찌들어 갈급한 무리들이 예수님을 좇았습니다. 그들에게 팔복을 가르치셨습니다. 뿌리 깊은 통념으로 인해 소외된 사람들이 자신들은 버림받은 존재가 아니라는 예수님의 선언을 받아들였습니다. 그러자 자포자기하며 생각 없이 살던 무리와 구별되었습니다. 구별된 그들에게 예수님께서 선언하십니다.

"너희는 세상의 소금이라, 빛이라."

예수님의 두 번째 선언을 듣고 사람들은 또 한 번 놀랐습니다.

한 번도 자신이 세상의 소금이라고, 빛이라고 생각해본 적 없습니다. 밟으면 밟히는 잡초요, 차면 멀리 날아가 뒹구는 돌멩이였습니다. 기껏해야 자신의 배를 채우는 데 급급했던, 힘없는 이기주의자들이었습니다.

예수님의 이 말씀은 숙제를 주고, 짐을 지우기 위한 말씀이 절대로 아닙니다. 내가 누구이든 어떤 인간이든, 부자이든 가난하든 내가 구원받을 수 있는 이유에 대해 말씀하신 겁니다. 그것은 오직 예수님께서 구원의 가능성을 활짝 열어놓으셨기 때문입니다.

'복이 있다'는 것은 '그래도 괜찮다. 대충 자족하며 살라'는 뜻이 아닙니다. 예수님이 열어놓으신 구원의 가능성에 모두가 포함된다는 뜻입니다. 그러므로 세상 모든 사람은 두 부류로 나뉩니다. 예수님의 초대를 거부한 사람들과 예수님의 초대에 응한 사람들입니다.

그런데 예수님의 초대에 응한 사람들이 해야 할 일이 있습니다. 그것은 구원의 조건을 채워나가는 것이 아니라 구원의 본질을 배우는 일이며, 예수님의 마음과 뜻을 깨닫는 일이자, 나아가서 구원의 기쁨을 향유하고 나누는 일입니다.

이스라엘 백성들은 이집트의 노예로 무려 430년간 살아야 했습니다. 하나님께서는 노예근성에 찌들대로 찌든 그들을 출애굽 시켜 시내 산으로 인도하셨습니다. 그리고 말씀하십니다.

세계가 다 내게 속하였나니 너희가 내 말을 잘 듣고 내 언약을 지키면 너희는 모든 민족 중에서 내 소유가 되겠고 너희가 내게 대하여 제사장 나라가 되며 거룩한 백성이 되리라(출 19:5-6).

고대 사회에서 노예는 가장 하층민입니다. 한번 노예는 영원한 노예입니다. 반면 제사장은 귀족들보다 높은 계급입니다. 하나님의 말씀은, 가장 비천한 노예를 가장 존귀한 제사장, 여호와 하나님의 제사장으로 삼으시겠다는 것입니다. 그 누구도 생각하지 못한 엄청난 말씀입니다. 사회 통념을 완전히 뒤집는 경천동지驚天動地의 말씀입니다.

소외된 무지렁이들이 세상의 소금과 빛이라는 예수님의 말씀은, 430년 동안 노예로 살던 사람들이 여호와의 거룩한 제사장들이라는 하나님의 말씀과 똑같은 것입니다.

노예로 살겠습니까? 제사장으로 살겠습니까?

잡초와 돌멩이로 살겠습니까? 소금과 빛으로 살겠습니까?

소금이 맛을 잃으면

이 질문은 책임과 의무에 관한 것이 아니라, 자기 정체성에 관한 것입니다.

1944년 메리온 웨이드라는 청년은 예기치 않은 사고로 실명하고 말았습니다. 그는 절망 가운데 기도했습니다. "이제 제 힘으로 살지 못합니다. 하나님, 도와주십시오." 기도 중 스치는 한 생각이 있었습니다. 시각장애인들은 집안 청소와 관리를 할 수 없기 때문에 대신해줄 수 있는 사람이 절실히 필요하겠단 생각이었습니다. 그 생각을 사업으로 발전시켜 1947년에 '서비스 마스터'란 회사를 설립하였습니다. 이 회사의 경영 원리는 고린도전서 10장 31절 말씀입니다. "그런즉 너희가 먹든지 마시든지 무엇을 하든지 다 하나님의 영광을 위하여 하라."

그는 이 말씀을 사업에서 실천했습니다. 그리고 인간은 하나님의 형상대로 지음 받은 존귀한 존재라는 사실에 근거해 인간 존중의 경영철학을 만들었습니다. 그리고 종업원과 고객을 함께 만족시킨다는 원칙에 충실했습니다. 나날이 발전하여 현재 40여 개 국가에서 연 매출 90억 달러를 올리고 있습니다. 메리온 웨이드는 기업에서 하나님의 제사장이 된 것입니다. 그로 인하여 수많은 종업원들과 고객들이 행복해졌습니다. 그는 소금과 빛이 되었습니다.

눈멀어 원망과 끌탕으로 살겠습니까, 아니면 연매출 90억 달러를 올리는 CEO로 살겠습니까?

선택은 그 누구도 아닌 내가 하는 것입니다. 여호와의 제사장이 되고 세상의 빛과 소금이 되는 일은 따분한 길, 멀고 험한 가시밭길이 절대로 아닙니다. 물론 힘들고 어려울 때도 있습니다. 그러나 보람 있고 신나는 일입니다.

청년들에게 당부합니다. 세계 역사는 성경의 개념이 실현되는 과정입니다. 수천 년 전 당연히 여기던 노예제도는 이제 없어졌습니다. 옛날엔 노예가 제사장이 되는 일은 불가능했습니다. 그러나 지금은 누구나 될 수 있습니다. 2천 년 전 예수님의 말씀을 듣고 그 엄격한 종교와 신분 사회에서 빛이 되고 소금이 된 사람들이 많이 있습니다. 너무나 좋은 예로, 일곱 귀신 들렸던 창녀 막달라 마리아는 당시 여성 지도자가 되었습니다. 지금은 마음만 먹으면 누구나 지도자가 될 수 있는 시대가 되었습니다.

제사장이라고 해서, 모두 선교사가 되고 목사가 되라는 뜻이 아닙니다. 제사장은 하나님의 뜻을 세상에 전하고, 세상을 이끌며, 하나님 앞에 서는 존재입니다. 산업·예술·기업·교육·요리·미용 등 존재하는 모든 분야에서 제사장이 될 수 있고 또 되어야 합니다.

빛과 소금이 되라는 예수님의 말씀은, 곧 '거룩한 존재'로 살기로 결단하라는 뜻입니다. '거룩'은 교회에서 가장 많이 사용하는 단어입니다. 그런데 '거룩'이라는 말처럼 잘못 사용되고 왜곡된 것도 드뭅니다. 기독교는 거룩의 개념을 바로잡기 위해 삼위일체 하나님께서 친히 세우신 것이라 해도 틀린 말이 아닙니다.

거룩은 모든 종교에서 사용하는 개념입니다. '거룩' 하면 가장 먼저 떠오르는 생각이 무엇입니까? 무겁고 조용하고 장엄하고, 뭔가 두려워 범접하지 못하는 어떤 것들이 떠오릅니다.

그런데 거룩은 히브리어로 카도시*qadosh*, 첫 번째 뜻은 '밝게 빛나다', '따뜻하다'입니다. 곧 빛의 역할입니다. 두 번째 뜻은 '새롭게 하다'입니다. 방부제가 없던 시절엔 소금이 그 역할을 했습니다.

요즘 세상은 예수쟁이들을 재수 없어 합니다. 타종교를 존중할 줄 모르고, 종교적 결벽증으로 주변 분위기에 찬물을 끼얹으며, 고리 타분한 교리와 규칙에 꽁꽁 묶여 자신도 다른 사람들도 새롭게 하지 못합니다. 그저 교회에 모여 하늘 보좌를 움직이겠다는 헛된 몸부림만 치는 종교로 전락했기 때문입니다.

완전 수동태란 빛이 없다는 것입니다. 그나마 빛도 교회 안에 가둬놓았다는 것입니다. 이것이 곧 "등불을 켜서 말 아래 두는 것"(마 5:15)입니다. 여기서 '말'이란 곡식의 양을 재는 나무 그릇을 말합니다. 그 빛은 오직 자신만을 위한 것, 개교회를 위한 것이어서 약할 수밖에 없습니다. 산들바람만 불어도 휙 하고 꺼져버립니다.

계란은 다른 사람이 깨면 '계란 프라이'가 되고, 스스로 깨면 병아리가 됩니다. 그리스도인들이 하나님 잘 섬겨 복 받겠다는 오래된 타성의 껍질을 스스로 깰 생각을 하지 않으므로 계란 프라이가 되어 사람들에게 먹히고, 그나마 맛도 없어 사람들에게 짓밟히고 있습니다. 이것이 곧 소금이 그 맛을 잃으면 밖에 버려져 짓밟힌다는 것입니다.

카바나kavanah라는 말이 있습니다. 카바나의 뜻은 '곧게 하다', '똑바르게 하다'입니다. 여기서 '동기'와 '의미'라는 말이 파생되고 '간절함'이라는 뜻을 가지게 됩니다. 이 간절한 마음이 모든 것을 결정합니다.

"그래, 난 이제 예수님의 말씀대로 소금과 빛이 될 거야." "이대로 살지 않을 거야. 밝게 빛나고 따뜻하게 타올라 새로워질 거야. 그래서 하나님께 영광을 돌릴 거야." 그런 마음을 가질 때, 변화된 나는 남들을 밝고 따뜻하게 하는 빛이 되고, 남들을 새롭게 하는 소금이 됩니다. 그런 의도로 열심히 한발 한발 나아갈 때, 내 안에서 카바나가 타오릅니다. 더 잘하고 싶은 간절함이 생깁니다. 그 간절함(카바나)을 숨기지 못합니다. 이것을 "너희는 세상의 빛이라. 산 위에 있는 동네가 숨겨지지 못할 것이요"(마 5:14)고 하셨습니다.

예수님의 말씀을 온몸으로 살아 꺼지지 않는 빛과 살맛 나게 하는 소금이 됩시다. 그리할 때 카바나가 실현됩니다. 곧 헝클어진 내 삶, 방향 잃은 내 인생이 곧게(카바나) 됩니다. 세상 사람들의 인정과 존경을 받게 됩니다. 욕심 부리지 않고도 형통하게(카바나) 됩니다.

주님께서 맡기신 일, 소외된 이웃을 돌보는 일을 힘써 행합시다. 그리하여 사람들로 하여금 우리의 착한 행실을 보고 하늘에 계신 아버지께 영광을 돌리게 합시다. 이것이 빛과 소금이 되는 것이며, 진정한 전도이며 삶입니다.

4

바리새인
보다
낫지
않으면

내가 율법이나 선지자를 폐하러 온 줄로
생각하지 말라. 폐하러 온 것이 아니요
완전하게 하려 함이라. 진실로 너희에게 이르노니
천지가 없어지기 전에는 율법의 일점 일획도
결코 없어지지 아니하고 다 이루리라.

—
마 5:17-20

응답받지 못한 이유는 무엇일까요?
우리의 기도가 부족해서입니까?

윈더 호프라는 남자에게 딸이 하나 있었습니다. 나이는 열한 살. 그런데 불행히도 백혈병을 앓았습니다. 윈더 호프는 딸을 위하여 간절히 기도했습니다. 기도 응답을 받은 것일까, 정성어린 치료 덕분이었을까, 골수가 생성되기 시작했고 백혈병이 조금씩 호전되었습니다. 너무나 감사하고 기뻤습니다.

그런데 엉뚱한 데서 일이 터지고 말았습니다. 병실의 병원균에 감염되어 손쓸 틈도 없이 목숨을 잃고 만 것입니다. 그날 딸의 이름을 새긴 케이크를 사들고 병원을 찾은 아버지는 망연자실하지 않을 수 없었습니다. 윈더 호프는 딸을 위해 항상 기도해왔던 교회로 발걸음을 옮겼습니다. 그는 예배당 중앙에 걸려 있는 십자가를 향해 케이크를 던졌습니다. 케이크는 가시면류관 바로 아래 떨어졌고 형형색색의 크림이 예수님의 얼굴 위로 흘러내렸습니다.

필립 얀시의 《아, 내 안에 하나님이 없다》에 나온 이야기입니다.

누구나 윈더 호프의 입장이 되면 당연히 분노할 것입니다. 하나님께서 소중한 딸의 목숨을 빼앗아가셨습니다. 그렇습니다, 윈더 호프가 하나님께 분노하는 것은 당연합니다. 그런데 정말 하나님께서 그렇게 하신 걸까요?

하나님은 전지전능하시고, 기도는 산을 움직이는 능력이 있으며, 믿는 자에게 능치 못할 일이 없으며, 하나님께서는 모든 기도에 응답하신다는 말을 수없이 들으며 살아온 우리입니다.

자, 그렇다면 여러분의 그 많은 기도들이 모두 하나님께 응답받으셨습니까? 그렇지 않습니다. 응답받지 못한 기도가 분명 훨씬 더 많을 것입니다. 그렇다면 응답받지 못한 이유는 무엇일까요? 우리의 기도가 부족해서입니까?

그와 유사한 이유로 하나님과 기독교에 대해서 실망하고 하나님께 등을 돌리는 많은 사람들을 보았습니다. 또 그런 사실을 들어 복음의 언저리조차 듣지 않은 채로도 기독교와 하나님을 비방하는 수많은 사람들을 보았습니다.

어려운 일이 생기면 우리는 그것을 하나님의 징계로 생각합니다. 하지만 하나님의 징계와는 상관없는 고통이 세상에는 너무나 많습니다. 소말리아 해적에게 납치되고, 그 와중에도 배와 선원들을 구하겠다고 지혜를 짜냈던 석 선장은 총탄 여러 발을 맞고 사경을 헤매다가 간신히 살아났습니다. 석 선장이 하나님을 믿지 않았기 때문일까요?

전지전능하고 무소부재하신 하나님, 그분의 허락 없이는 참새 한 마리도 떨어지지 않는다고 하셨는데, 주변에서 일어나는 일들은 많습니다. 이해하지 못할 것들이 너무 많습니다. 그래서 하나님의 존재마저도 의심스러울 때도 있습니다. 이런 의문과 의심은 신실한 그리스도인들에게도 있습니다. 그럼에도 하나님께서는 속 시원한 대답을 하지 않습니다. 무엇이 잘못된 것일까요?

혹시 하나님을 '근본적으로' 잘못 알고 있는 것이 아닐까요?

혹시 복음에 대해서 '근본적으로' 오해하고 있는 것이 아닐까요?

율법의 굴레에서 벗어나

욥은 하나님께서도 인정하시는 의인 중의 의인이었습니다. 그런데 사랑하는 자녀들이 한꺼번에 몰사하고, 많은 재산을 잃고 그것도 모자라 병이란 병은 다 걸립니다. 아내마저 하나님을 욕하고 죽으라는 저주를 남기고 떠나버립니다. 죄 가운데 뒹굴며 사는 사람들도 이런 일 중 하나만 당해도 억울해하는데, 욥은 오죽하겠습니까? 욥이 하나님께 항변합니다. 그러나 하나님은 아무런 반응이 없습니다. 긴 항변 끝에 드디어 하나님께서 나타나셨습니다. 그리고 욥에게 물으십니다.

"무지한 말로 생각을 어둡게 하는 자가 누구냐. 너는 대장부처럼 허리를 묶고 내가 네게 묻는 것을 대답할지니라"(욥 38:2-3).

그리고 하나님께서는 욥에게 질문을 퍼붓기 시작하십니다. "내가 땅의 기초를 놓을 때에 네가 어디 있었느냐"(욥 38:4). 이 엄청난 고난과 고통이 왜 임한 것이냐는 욥의 질문은 완전히 무시하시고 하나님께서는 예순 개가 넘는 질문을 퍼부으십니다.

예순 개가 넘는 하나님의 질문에 대해 욥은 아무런 대답도 하지 못했습니다. 그런데 이상한 일이 일어납니다. 하나님의 질문에 묵묵부답이던 욥이 하나님께 이렇게 아룁니다. "내가 깨닫지도 못한 일을 말하였고 스스로 알 수 없고 헤아리기도 어려운 일을 말하였나이다"(욥 42:3). 이어서 엄청난 말을 합니다. "내가 주께 대하여 귀로 듣기만 하였사오나 이제는 눈으로 주를 뵈옵나이다"(욥 42:5).

하나님의 질문을 들으며 의문과 원망으로 가득 찼던 욥은, 자신도 모르는 사이에 모든 의문과 의심이 풀리고 있음을 느꼈습니다. 아침 해에 안개 걷히듯 말입니다. 억울함도 봄볕 눈 녹듯이 사라졌습니다. 그러자 영이신 하나님의 존재가 눈앞에 또렷하게 보였습니다. 어찌된 일일까요?

하나님께서 하신 질문 중 귀를 사로잡는 것이 있습니다. "네가 내 공의를 부인하려느냐. 네 의를 세우려고 나를 악하다 하겠느냐"(욥 40:8)는 질문입니다. 아무리 억울하고 이해할 수 없는 일이 눈앞에 벌어져도 하나님은 절대로 불의하지 않다는 것입니다.

하나님을 악하다고 하는 한, 하나님의 마음을 절대로 이해할 수 없습니다. 왜냐하면 내 생각과 규정 속에 하나님을 가두는 결과를 낳기 때문입니다.

내가 믿고 있는 하나님을 한번 생각해보십시오.

하나님은 기도하면 들어주시고, 전도, 봉사, 헌금 열심히 하면 복 주신다는 내 생각에 하나님을 가둬놓았습니다. 그래놓고는 오로지 복 받겠다는 일념 하나로 종교생활을 독려하고 또 매진합니다. 그리고는 평생 목회를 했다는 목사들이 조계사에 가서 "예수 천당 불교 지옥"이나 외치고는 마치 안중근 의사인 양 비장한 표정으로 끌려갑니다. 또한 내 과오와 실패, 인간의 불의에 대한 모든 책임을 하나님께 전가하고 실망했다고 떠나버립니다. 복음의 'ㅂ'자 가까이도 가보지 못한 채, 구원의 'ㄱ'자 언저리에서 떠나버립니다.

돈 100만 원을 벌려고 해도 많은 생각을 해야 합니다. 일개 철학자의 깊은 생각에도 경청할 만한 것이 많습니다. 하물며 예수님의 가르침은 어떠하겠습니까. 나도 모르는 나를 꿰뚫고 있으며 광대한 우주를 뒤덮고도 남을 만합니다.

사랑의 하나님께서 왜 그런 무서운 일과 부조리한 일들을 내버려

두실까 생각해보아야 합니다. 그래야 좁고 얕은 내 생각에서 벗어나 넓고 깊은 하나님의 사랑과 은혜의 세계로 들어갈 수 있습니다.

하나님의 수많은 질문을 들으면서 욥은 스스로 갇혀 있던 생각들이 하나둘 깨어지는 것을 보았습니다. 그러자 억울함, 분노, 의심과 의문, 마침내 죽음마저도 욥을 가둬놓을 수가 없었습니다. 그 가운데 하나님을 본 것입니다.

예수님은 산상수훈을 통해 우리가 갇혀 있던 틀을 깨나가는 중이십니다. 율법을 지키지 못해서 이렇게 고생하는 거라고, 천국에도 들어가지 못할 거라고 여겼던 사람들, 율법 안에서 제대로 숨도 못 쉬던 사람들을 '복이 있다', '빛과 소금이다'라고 하셨습니다. 예수님의 말씀을 듣고 받아들인 사람들의 눈이 열리고 율법의 감옥에서 벗어나 빛을 보았습니다.

그들에게 예수님께서 이렇게 말씀하십니다. "내가 율법이나 선지자를 폐하러 온 줄로 생각하지 말라. 폐하러 온 것이 아니요 완전하게 하려 함이라"(마 5:17). 그 말씀을 들은 사람들은 어리둥절했을 것입니다. "아니, 방금 율법의 굴레에서 벗어나라고 하셨잖아."

율법을 완성하러 오셨다는 예수님의 말씀은 이런 것입니다.

자녀들에게 밤 9시까지 반드시 귀가할 것을 엄명하였습니다. 친구들과 신나고 행복한 시간을 뒤로 한 채 억지로 집으로 돌아왔습니다. 엄한 아버지가 야속하고 꼴도 보기 싫습니다. 그런데 어느 날

아버지가 통금시간을 완전히 없애버리는 것이 아닙니까? 야호! 지굿지굿한 귀가 규칙을 멀리 차버리려고 하는데 아버지께서 "그 규칙을 폐하는 것이 아니라 완성하려는 거야"라고 하십니다.

"이건 또 무슨 뜻이야? 일찍 들어오라는 거야, 늦어도 괜찮다는 거야?" 정말 아리송합니다.

예수님은 도대체 우리더러 어떻게 하라는 것일까요?

하나님과의 열 가지 약속

"진실로 너희에게 이르노니 천지가 없어지기 전에는 율법의 일점 일획도 결코 없어지지 아니하고 다 이루리라"(마 5:18). 여기서 한 발 더 나가십니다. "그러므로 누구든지 이 계명 중의 지극히 작은 것 하나라도 버리고 또 그같이 사람을 가르치는 자는 천국에서 지극히 작다 일컬음을 받을 것이요. 누구든지 이를 행하며 가르치는 자는 천국에서 크다 일컬음을 받으리라"(마 5:19).

계명 중 작은 것을 버리고 또 그렇게 가르치는 사람은 일단 지옥에는 가지 않을 것 같습니다. 안도가 됩니다. 좀 더 자세히 보면 이 말씀은 사람들을 새로운 세계로 더 깊이 인도하시려는 예수님의 마음이 보입니다.

예수님의 말씀을 올바로 이해하기 위해서는 먼저 율법과 계명에 대해서 올바로 인식해야 합니다. 모든 율법의 중심이요 근간은 바로 십계명입니다. 그리고 주로 신명기와 레위기에 지켜야 할 율법들이 적혀 있습니다. 그것들을 유대 종교지도자들과 바리새인들이 2,134개로 확대해놓았습니다. 이 2,134개의 시행 세칙들은 일단 무시해도 됩니다. 율법의 중심인 십계명은 반드시 숙지해야 합니다.

나 외에 다른 신을 내게 있게 말지니라. 우상을 만들지 말라. 하나님의 이름을 망령되이 일컫지 말라. 안식일을 거룩하게 지키라. 네 부모를 공경하라. 살인하지 말라. 간음하지 말라. 도적질하지 말라. 네 이웃에 대하여 거짓 증거 하지 말라. 네 이웃의 것을 탐내지 말라.

"일점 일획도 없어지지 않는다"는 말씀은 십계명의 내용은 어떤 상황에서도 지켜야 한다는 뜻입니다. 세상이 변했다고 우상을 만든다든가(우상은 하나님보다 더 중요한 모든 것입니다.) 안식일을 아무렇게나 지키거나 부모님을 공경하지 않아도 되는 것이 아닙니다.

"다 이루리라"는 것은 완성의 주체가 우리가 아니라 하나님이라는 의미입니다. 어느 누구도 십계명을 완전하게 지킬 수는 없습니다. 하지만 언제나 우리가 지향해야 하는 방향을 일러줍니다. 십계명은 삶의 이정표입니다.

십계명은 은혜의 세계를 알려주는 울타리입니다. 이 울타리는 낮고 느슨합니다. 인간의 잘못은 그것을 가장 어두운 감옥으로 만든다는 것입니다. 이 울타리를 벗어날 때도 있고, 대부분 벗어나 있습니다. 그러나 걱정하지 않습니다. 언제나 돌아올 수 있고, 돌아오면 됩니다. 이 혼돈의 세상을 사는 우리에게 이정표와 울타리를 주신 하나님, 정말 감사합니다.

복음을 부끄러워하지 아니하노니

마음씨가 착한 한 여자가 결혼을 했습니다. 남편은 너무나 엄격하고 꼼꼼해서 출근할 때마다 그날 해야 할 일을 적은 목록을 아내에게 주었습니다. 빼곡하게 적힌 일들을 하는데, 마음이 내키지 않는 일을 하려니 전혀 기쁘지 않습니다. 더 큰 일은 남편이 퇴근 후 집으로 돌아와 일일이 점검하는 것입니다. 해놓은 일들이 완벽주의 남편의 마음에 들지 않습니다. 잔소리가 이어집니다. 그래서 남편이 들어오는 발자국 소리만 들려도 가슴이 오그라듭니다. 그러다 갑작스레 남편이 죽었습니다. 몇 년 뒤 다른 남자를 만나 재혼하였습니다. 그 남자는 누구보다 아내를 너무나 사랑해주었습니다. 그래서 하고 싶은 일들을 누리게 해주었습니다. 여자는 너무나 행복했습니다. 여자는 사랑스러운 남편을 기쁘게 하기 위해 궂은일도 마다하지 않았습니다.

하루는 창고를 정리하다가 낡은 상자를 발견했습니다. 상자를 열어보니 전남편이 매일 자신에게 주었던 목록들이 차곡차곡 들어 있었습니다. 불현듯 전남편의 쪼잔함이 떠올랐습니다. 그리고 혼잣말로 이렇게 중얼거렸습니다. "이 사람아, 지금은 그때보다 훨씬 더 많은 일을 하지만 하나도 힘들지 않고 행복하기만 하다."

이 여인의 말, 이것이 기독교 신앙의 진수입니다. 바로 예수님께서 원하시는 것입니다. 사람에게 뭔가를 얻어내려 한다면, 그 사람에게 잘 보이려고 할 것입니다. 그러나 정말 그 사람을 사랑한다면, 복과 상관없이 그 사람이 좋아하는 일들을 하게 될 것입니다.

그래서 예수님께서 "네 마음을 다하고 목숨을 다하고 뜻을 다하여 주 너의 하나님을 사랑하라"(마 22:37) 하셨습니다.

하나님을 누구보다도 무엇보다도 사랑하는 마음, 이것이 온 율법의 근간입니다. 사도 바울이 말합니다. "내가 복음을 부끄러워하지 아니하노니, 이 복음은 모든 믿는 자에게 구원을 주시는 하나님의 능력이 됨이라"(롬 1:16).

복음을 부끄러워한다는 것은, 예수님의 가르침을 듣고는 "이 세상이 어떤 세상인데 그걸 믿고 앉아 있냐?"라고 생각하는 것입니다.

복음을 부끄러워하는 가장 대표적인 사례는 성경의 가르침을 모두 복 받는 수단으로 바꿔놓은 기복주의입니다. 모세가 말합니다. "네 하나님 여호와를 위하여 쌓은 제단 곁에 아무 나무로든지 아세라 상을 세우지 말며, 자기를 위하여 주상을 세우지 말라. 네 하나님 여호와께서 미워하시느니라"(신 16:21-22).

'하나님을 위한' 제단에 '자기를 위한' 그 어떤 것도 세우지 말라는 것입니다. 하나님께 집중하라는 뜻입니다. 하나님의 마음을 읽어내고 하나님과 마음이 합한 사람이 되고, 그분의 영광을 위하여 살라는 것입니다.

예수님의 가르침(복음)을 접하였습니다. 처음에는 예수님의 복음과 내 생각이 서로 충돌합니다. 그러나 복음을 받아들입니다. 점차 복음이 삶을 지배합니다. 하나님의 능력과 의가 내 삶에서 드러납니다. 내 생각을 하나씩 접고 복음의 세계로 더욱 깊이 들어갈 때마다 하나님의 능력을 더 깊이 체험합니다. 곧 '믿음으로 더 깊은 믿음에 이르게' 됩니다. 마침내 실패나 죽음조차도 두려워하지 않는 그리스도인이 됩니다.

너희가
그렇게
들었으나

나는 너희에게 이르노니 형제에게 노하는 자마다
심판을 받게 되고 형제를 대하여 라가라 하는 자는
공회에 잡혀가게 되고 미련한 놈이라 하는 자는
지옥 불에 들어가게 되리라.

–

마 5 : 2 1 - 2 6

예수님의 복음이 실현되는 현장
예수님이 살아 계신 곳

"무엇보다 현재 무직인 상태여야 합니다. 집이 없거나 가난한 환경에서 사는 청소년은 더욱 환영합니다. 학교를 중퇴한 사람일수록 좋습니다. 경찰서에 잡혀간 경험이 있거나 교도소에 다녀온 청소년도 물론 환영합니다."

영국에 있는 유명한 회사에서 낸 신입사원 모집공고입니다.

이 광고를 내는 업체는 '피프틴Fifteen'이라는 이름을 가진, 주말 예약을 3개월이나 기다려야 할 정도로 최고의 인기를 누리고 있는 레스토랑입니다. 세계적인 요리사 제이미 올리버가 운영하는 이 식당은 훈련생을 모집할 때마다 이와 같은 광고를 냅니다.

피프틴 레스토랑의 꽃은 열다섯 명의 젊은 요리사들인데, 모두 거리를 헤매던 불량 청소년들이었습니다. 제이미는 문제아라고 낙인찍힌 청소년들을 선발하여 요리사의 꿈을 심어주고, 혹독한 훈련

끝에 훌륭한 요리사로 키웠습니다. 이들은 계속 제이미의 지원을 받으며 런던과 전 세계 레스토랑에 진출하여 실력을 발휘하고 있습니다.

피프틴 레스토랑의 또 다른 이야기가 있습니다.

영국 서쪽 땅끝엔 콘웰Cornwell이라는 마을이 있는데, 아름다운 풍광을 가졌지만 영국에서 가장 가난하고 척박한 지역입니다. 제이미는 방황하는 청소년에게 소망을 불어넣자는 꿈에 하나를 더했습니다. 변변한 일자리도 없는 가난한 마을 콘웰에 새바람을 일으키자는 꿈입니다. 콘웰에 이 식당이 세워지자 수많은 사람들이 찾아왔습니다. 그 중에는 열다섯 살 소년 조던도 있었습니다. 사실 조던은 자의로 온 것은 아닙니다. 학교 친구들과 패싸움으로 정학처분을 받고 집에서 뒹구는 중이었습니다.

눈총을 받으며 하품만 하던 조던에게 농사짓는 아버지가 느닷없이 "동네에 멋진 레스토랑이 생겼는데 구경 가자"라고 하였습니다. 그래서 따라나섰습니다. 사람들이 북적이는 식당에서 조던의 눈에 들어온 것은, 주방에서 동분서주 움직이며 요리를 척척 만들어내는 요리사들이었습니다. 그 순간 조던의 심장이 멎는 줄 알았습니다. 마술을 본 것입니다. 하얀 유니폼에 앞치마를 두른 요리사들의 손끝에서 만들어지는 음식이라는 마술 말입니다. 그리고 이어 "아! 나도 저런 사람이 되고 싶다"는 생각이 머릿속을 가득 메우기 시작했습니다.

다음 날 오후, 조던은 레스토랑 총책임자였던 베티를 찾아가 요리 실습생으로 받아달라고 사정했습니다. 그러자 베티는 조던의 손을 꼭 잡고 말했습니다. "그 열정을 앞으로 몇 년 더 간직할 수 있겠니? 고등학교 졸업하고 다시 오렴. 그땐 꼭 받아줄게."

4년 남짓 세월이 흐른 지금 피프틴 콘웰에는 20만 명의 손님이 다녀갔고, 그곳에서 배출한 50여 명의 요리사는 그 지역 곳곳에 퍼져 지역 경기를 살려냈습니다. 물론 열심히 공부하여 고등학교를 졸업한 조던은 300대 1의 경쟁을 뚫고 요리 실습생이 되어 혹독한 훈련을 기쁨으로 이겨냈습니다. 몇 달 뒤면 조던도 정식 요리사가 됩니다. 자신이 좋아하는 걸 찾고 그 길로 매진하는 조던은 제이미와 베티와 같이 꿈꾸는 어른들의 아름다운 열매입니다.

피프틴 레스토랑은 단순히 프랜차이즈 사업의 성공 스토리가 아닙니다. 그곳은 예수님의 복음이 실현되는 현장입니다. 어느 교회보다도 예수님이 살아 계신 곳입니다.

에이미의 광고는 "직업이 없는 청소년, 가난한 청소년, 교도소에 다녀온 청소년은 복이 있다"는 말입니다. 수많은 사람들이 광고를 보았을 것입니다. 그런데 그 광고로 가슴이 요동치기 시작한 청소년만이 살아남았습니다. 마약과 폭력과 절망감은 사라지고 대신 소망과 미래가 생겼습니다. 혹독한 훈련을 기꺼이 이겨냈습니다.

"그래서 혹독한 훈련을 기꺼이 이겨냈다"는 말처럼 성경적인 것도 없습니다. 나태와 절망을 벗어나 역경을 이겨낸 힘은 에이미의 신념과 격려, 그리고 요리에 대한 사랑에서 나온 것입니다. 그것만으로는 요리사가 될 수 없습니다. 반드시 훈련이 있어야 합니다. 또 훈련만으로 훌륭한 요리사가 될 수 없습니다. 창업자 에이미의 신념을 이어받아야 합니다. 그렇게 하자 10년도 안 되는 기간 동안 이 식당은 수많은 사람들과 지역을 살리며 또 수많은 사람들을 행복하게 만들고 있습니다.

영국인은 물론 세계 관광객과 미식가들이 즐겨 찾는 이 레스토랑은 수입의 상당 부분을 불우이웃 돕기나 문화 사업에 투자하여 사회적 기업의 성공 모델로 주목을 받고 있습니다.

신앙생활도 이와 같습니다.

예수님의 말씀을 듣습니다. 그리고 감화받습니다. 그래서 "이대로 살지 않을 거야. 나를 사랑할 거야"라며 소망을 품고 미래를 향해 출발합니다. 어려운 일들이 많지만 예수님의 격려로 이겨냅니다. 더 넓은 세계로 나갑니다. 그래서 성공합니다. 여기가 끝이 아닙니다. 자신을 더욱 계발하고, 새로운 예수님의 제자, 생명의 리더들을 키워냅니다. 이것이 예수님께서 원하시는 것, 교회가 몸 바쳐 해야 할 일입니다.

예수님을 따르는 사람들이 물었습니다. "우리가 어떻게 해야 하나님의 일을 할 수 있습니까?" 그러자 예수님께서 이렇게 대답하셨습니다. "하나님의 보내신 자를 믿는 것이 하나님의 일이니라"(요 6:29).

하나님의 보내신 자, 곧 예수님을 믿는 것이 신앙생활입니다. 그런데 '믿음'의 본질을 잘 아셔야 합니다. 히브리어 야다*yada*는 믿음의 본질을 잘 드러냅니다. 야다는 '사랑한다', '신뢰한다', '의지한다', '동행한다', '동침한다("아담과 하와가 동침하매"에서 야다를 씁니다)', '머리털을 세다' 등 가장 친밀한 관계에서 일어나는 모든 일들을 뜻합니다.

하나님은 우리를 자녀로서 '야다'하십니다. 예수님은 우리를 친구이자 신부로서 '야다'하십니다. 하나님은 우리가 알기 전에 이미 우리를 '야다'하셨습니다. 우리가 각각 제 길로 갈 때도 '야다'하시고, 세상 끝 날까지 '야다'하십니다. 이것이 기독교 신앙의 출발점입니다. 이어서 나도 예수님을 '야다'하는 것, 즉 예수님을 사랑하고 신뢰하고 의지하고 동행하는 일이 하나님의 일이며, 신앙생활의 기본이자 본질입니다. 하나님과의 가장 친밀한 관계의 정립과 유지 발전이 기독교 신앙의 핵심입니다.

그러므로 예수님을 '야다'하지 않으면, 즉 예수님과 아무런 관계가 없으면, 예수님의 가르침은 엄격한 규칙이 되고 나를 가두는 감옥이 됩니다. 그렇다면 마태복음 5장 21절 이하의 말씀은 차라리 들지 않는 것이 낫습니다.

그러나 예수님을 '야다'하면, 예수님의 가르침은 우리를 죄로부터 자유롭게 하며, 가는 길을 바르게 하여, 하나님의 형통을 경험하게 됩니다. 그야말로 내 영혼이 잘됨같이 범사에 잘되고 강건하여지는 복을 누리게 됩니다.

분노로 인해 죽지 않도록

오늘 본문 말씀은 예수님께서 율법을 어떻게 완성하시는가, 나아가서 우리가 어떻게 율법으로부터 해방되어 진정한 하나님의 자녀로서 신나는 삶을 살 수 있는가를 구체적으로 보여줍니다.

예수님께서는 가장 먼저, 십계명 중 제6계명 "살인하지 말라"는 계명의 본질을 가르쳐주십니다. 그렇다면 왜 앞의 다섯 계명-나 외에 다른 신을 내게 있게 말지니라, 우상을 만들지 말라, 하나님의 이름을 망령되이 일컫지 말라, 안식일을 거룩하게 지키라, 네 부모를 공경하라-들은 생략하신 것일까요?

앞서 이야기하였습니다. 하나님을 '야다'하면, 당연히 다른 신을 섬기거나 우상을 만들거나 하나님의 이름을 망령되이 일컫거나 안식일을 아무렇게나 지키지 않습니다. 당연히 예배와 전도와 봉사와 구제와 기도의 소중한 가치를 알고 소홀히 하지 않습니다.

예수님께서 말씀하십니다. "형제에게 노하는 자마다 심판을 받게 되고 형제를 대하여 라가라 하는 자는 공회에 잡혀 가게 되고, 미련한 놈이라 하는 자는 지옥 불에 들어가게 되리라"(마 5:22). 여기서 라가는 '바보 멍청이'쯤 되는 말입니다.

자, 이 말씀이 규칙이 된다면 우리 중 한 명도 살아남지 못할 것입니다. 또한 화를 참느라 모두 다 화병에 걸렸을 것이고 "저 목사, 나한테 화를 냈으니 어찌 목사라 할 수 있는가. 곧 하나님의 무서운 심판을 받게 될 거야." 이렇게 생각할 것이고, 서로가 서로에 대해서 감시만 하고 있을 것이고, 혹시 그런 말이나 행동을 했다면 죄책감과 불안감으로 전전긍긍할 것입니다. 또 "바보 멍청이라는 말이 안 된다면 '쪼다'는 괜찮은가요?"라고 물을 것이고(이런 종류의 질문은 끝도 없습니다), 또 그렇게 조심하며 살아봤자, 화를 낼 줄 모르는 진짜 바보들을 제외하고는, 모두 다 지옥에 떨어질 것입니다. 이런 식으로 생각하고 논쟁하고 살아가는 사람들이 교회 안에 얼마나 많은지 모두 다 아실 것입니다.

왜 이런 말씀을 하셨을까요?

한 마디로 말해서, 하나님의 사랑하는 자녀들, 하나님을 사랑하는 우리가 분노로 인하여 죽어가지 않도록 하기 위해서입니다.

누구나 억울한 일을 당하거나 속상할 때 화가 납니다. 분노의 무서운 점은, 분노를 방치하면 아무리 훌륭한 사람이라도 그 잠재된 분노가 그 사람을 잡아먹는다는 것입니다. 밖으로 드러내지 않고 마음에 품고 있는 분노라도 인간의 인격과 삶을 파괴하는 힘이 있습니다. 모든 에너지가 분노를 유지하는 데 들어갑니다. 기억하십시오. 분노의 가장 큰 피해자는 본인 자신입니다. 그런데 자신의 분노에 의해 자신이 파괴되어 간다는 것을 잘 알지 못합니다. 이것이 분노의 가장 무서운 점입니다. 그래서 성경은 수차례에 걸쳐서 악을 악으로 갚지 말라고 당부합니다.

> 아무에게도 악을 악으로 갚지 말고 모든 사람 앞에서 선한 일을 도모하라. 할 수 있거든 너희로서는 모든 사람으로 더불어 화목하라(롬 12:17-18).

'할 수 있거든' 사도 바울도 언제나 분노할 수 있는 인간임을 인정합니다. 그래도 우리가 나가야 할 방향은 모든 사람과의 화평입니다.

> 악에게 지지 말고 선으로 악을 이기라(롬 12:21).
> 악을 악으로, 욕을 욕으로 갚지 말고 도리어 복을 빌라. 이를 위하여 너희가 부르심을 받았으니 이는 복을 이어받게 하려 하심이라(벧전 3:9).

사도 베드로는 분노하지 말아야 할 이유를 명백하게 설명합니다. 분노하면 하나님께서 벌을 주는 것이 아닙니다. 내 안에 하나님의 복을 받을 공간이 없어집니다. 분노를 방치하면 점점 더 커져 원한이 됩니다. 오뉴월에도 찬서리가 내립니다. 그래서 하나님의 복을 유업으로 영영 받지 못합니다.

분을 내어도 죄를 짓지 말며 해가 지도록 분을 품지 말고, 마귀에게 틈을 주지 마라(엡 4:26-27).

분노를 품고 키우는 것은 마귀로 틈을 타게 하는 것입니다. 내 마음의 틈을 비집고 들어온 마귀는 그 틈을 더욱 넓혀 내가 지탱하지 못하게 하고 지옥에 떨어지는 결과를 낳습니다.

방송에서 들은 이야기입니다. 아내의 생일날 미역국을 끓여준다는 남편이 그 약속을 잊었습니다. 화가 난 아내는 한 달 동안 아무것도 넣지 않은 생미역국만 끓여주었습니다. 미역국만 먹어서가 아닙니다. 냉랭한 아내의 마음이 온 집안을 지옥으로 만듭니다. 그리고 섭섭할 때마다 미역국 귀신이 나타나 괴롭힐 것입니다. 미역국 귀신이 틈타지 않게 조심해야 합니다!

분노보다도 더 나쁜 것은 멸시입니다. 멸시는 고의로 상대를 깎아내리는 것입니다. 분노는 그래도 상대방을 의식합니다. 그런데 멸시는 상대방의 가치조차 인정하지 않는 것입니다. 부부가 서로에게 화를 냅니다. 분노는 그래도 상대방을 의식하는 것입니다. 멸시나 무시는 상대방이 없는 것처럼 행동하는 것입니다. 이게 사람을 더욱 미치게 합니다.

모든 사람은 하나님의 자녀들입니다. 우리는 혹시 멸시하는 사람들이 없습니까? 이상한 것은 예수를 잘 믿는다고 스스로 생각하는 사람일수록 멸시를 잘한다는 것입니다. 외국인 노동자, 탈북자, 노숙자, 장애우, 동성애자, 가난한 사람, 알콜 중독자 …. 그 누구도 멸시해서는 안 됩니다. 긍휼히 여기고 도와줘야 할 사람들입니다.

> 너희가 전에는 어둠이더니 이제는 주 안에서 빛이라. 빛의 자녀들처럼 행하라(엡 5:8).

어둠을 뒤로 하고 빛으로 나온 우리입니다. 빛의 자녀들입니다. 이것이 곧 교회입니다.

> 너희는 열매 없는 어둠의 일에 참여하지 말고 도리어 책망하라(엡 5:11).

사도 바울은 "열매 없는 어둠의 일"이라는 절묘한 표현을 씁니다.

그렇습니다. 어둠에는 어떤 열매도 맺을 수 없습니다. 빛이 있어야 열매를 맺습니다. 다시는 어둠이 나를 엄습하지 못하도록 해야 합니다. 분노나 멸시에 나를 내어줘서는 안 됩니다. 분노나 멸시가 나를 지배하는 한, 하나님의 은혜는 나와 거리를 두게 됩니다. 하나님의 은혜 없이는 아무런 열매를 맺을 수 없습니다.

사도 바울이 좋은 제안을 합니다.

주를 기쁘시게 할 것이 무엇인가 시험하여 보라(엡 5:10).

너무 쉽습니다. 이 일을 예수님이 기뻐하실까 물어봅니다. 예수님이 슬퍼하실 일은 하지 않습니다. 기뻐하실 일은 더욱 열심히 합니다. 나만이 생산할 수 있는 아름다운 특별한 열매를 풍성히 맺어 베풀고도 남음이 있게 됩니다.

6

생명으로 무엇을 하고 있습니까?

또한 만일 네 오른손이 너로 실족하게
하거든 찍어 내버리라. 네 백체 중 하나가
없어지고 온몸이 지옥에 던져지지
않는 것이 유익하니라.

-

마 5:27-32

언제나 긍휼과 용서가 있습니다.
그래서 기쁨으로 갈 수 있습니다.

한 크리스천 부부가 대판 싸웠습니다. 화가 난 남편은 서재로 들어가 문을 꽝 닫았습니다. 인터 넷 서점에서 책 둘러보는 취미를 가진 남편은 책 목록을 보면서 마음을 달랬습니다. 그 때 눈에 확 띄는 책 한 권이 들어왔습니다. 《아내 안에 하나님이 없다》라는 책이었습니다.

"그래 이 책이야!" 아내에게 가장 필요한 책이라고 생각한 남편은 바로 주문을 하였습니다. 며칠 후 책이 배송되어 포장을 벗겨 책을 보고는 깜짝 놀랐습니다. 그 책의 제목은 '아내 안에 하나님이 없 다' 가 아니라 《아, 내 안에 하나님이 없다》였습니다.

상대편 안에 하나님이 없는 것이 문제가 아니라, 내 안에 하나님 이 없어서 문제입니다. 많은 그리스도인들이 신앙생활을 하고 있는 자신 안에 하나님이 있는 것으로 생각합니다. 하지만 어떤 하나님이 계신가를 점검해봐야 합니다. 달란트 비유에 나오는 종들 중에, 주인이 맡긴 돈을 땅에 꽁꽁 묻어두었던 종이 주인에 대해서 이런 말을 합니다. "당신이 엄한 사람인 것을 내가 무서워함이라. 당신은 두지 않은 것을 취하고 심지 않은 것을 거두나이다"(눅 19:21).

이에 대해 주인은 "악한 종아, 내가 네 말로 심판하노니 너는 내가 두지 않은 것을 취하고 심지 않은 것을 거두는 엄한 사람인 줄 알았느냐. … 무릇 있는 자는 받겠고, 없는 자는 그 있는 것도 빼앗기리라"(눅 19:22, 26).

아, 내 안에 하나님이 없다

바리새인들 중 '피투성이 바리새인'이라는 별명을 가진 사람들이 꽤 있었습니다. 여자들을 보지 않기 위하여 땅만 보고 걷다가 벽이나 기둥에 부딪혀 이마가 자주 깨져서 얻은 별명입니다. 당시 사람들은 그런 별명을 자랑스레 여겼습니다. 그런데 여자를 보지 않겠다는 그 사람이 과연 하나님의 뜻에 합당한 사람일까요?

바리새인이 정한 율법 중에는 옆집과의 담장 높이에 관한 것이 있는데, 십계명 중 맨 마지막 계명인 "네 이웃의 아내를 탐내지 말라"는 계명을 잘 지키기 위한 것입니다. 옆집 아내를 보지 않는다고 문제가 다 해결되는 것일까요?

주상성자 시몬은 390년에 태어난 사람인데, 그는 처음에 70센티미터의 높이 기둥에서 수도를 시작하였고 그 후에 12미터, 33미터, 40미터로 그 기둥의 높이가 올라갔습니다. 그 위에서 무려 35년간 수도를 하며 살았고 그 기둥 위에서 죽었습니다. 사는 동안 그를 만나러 수많은 사람들이 각 나라에서 찾아왔습니다. 그런데 시몬은 여자들은 어머니라도 이 기둥 가까이 오는 것을 허용하지 않았습니다. 그는 여자를 신앙생활의 최대 적으로 보았습니다. 과연 시몬은 예수님께서 바라시는 삶을 산 것일까요?

또 하나 의문 사항이 있습니다. 시몬이 죽고 난 후, 그 자리에는 당시 최대의 교회가 세워졌습니다. 왜 여성을 멀리한 금욕적인 사람이 종교적으로 추앙받는 것일까요?

눈 둘 데가 없는 세상입니다. 너무나 노출이 심한 옷들을 입기 때문입니다. 이것은 비단 남자들만의 문제가 아닙니다. "음욕을 품고 여자를 보는 자마다 마음에 이미 간음하였느니라"(마 5:28)는 말씀을 통해서 남자들을 문제로 삼고 있는데, 남자를 보고 음욕을 품는 여자들도 많습니다. 요즘 '현빈 앓이'가 유행하고 있습니다. 물론 현빈을 앓고 있는 모든 여자들이 음욕을 품었다는 말은 아닙니다만 예수님의 가르침은 오늘날 여자에게도 분명 해당되는 것입니다.

그런데 다음 말씀은 모든 사람들의 가슴을 덜컹 내려앉게 만듭니다. "만일 네 오른 눈이 너로 실족하게 하거든 빼어 내버리라"(마 5:29). 그렇다면 왼쪽 눈은 괜찮다는 것입니까? 오른쪽 눈을 안대로 가리고 다니면 되지 않습니까? 정말 그렇게 한다고 예수님의 말씀을 실천하는 것일까요?

성 개방 풍조가 만연한 세상에서 오늘 본문 말씀은 시대착오적인 것이라고 주장할 수도 있습니다. 하지만 예수님께서 천명하셨습니다. "천지가 없어지기 전에는 율법의 일점 일획이라도 결코 없어지지 아니하고 다 이루리라"(마 5:18). 세상 마지막 날까지 제7계명 "간음하지 말라"는 것은 유효하며, 반드시 완성된다는 것입니다. 그렇다면 간음하지 말라는 계명의 완성은 무엇을 의미하는 것일까요?

의문에 의문이 꼬리를 물어 정신을 차리지 못할 정도입니다. 오늘 본문의 가르침을 올바로 제대로 이해하기 위해서는 다음 사항을 기억해야 합니다. 다시 한 번 강조합니다.

첫째, 예수님의 가르침은 모든 억압에서 자유케 하기 위함입니다. 즉 양으로 하여금 생명을 얻고 그 생명을 더욱 풍성케 하기 위함입니다. 둘째, 예수님의 산상수훈은 단계별 가르침입니다. 한 걸음씩 하나님께서 원하시는 삶으로 인도합니다. 그러므로 전 단계의 가르침을 반드시 충분히 이해하고 납득해야 합니다.

무엇보다도 마음의 중심에 하나님이 계셔야 합니다. 내 안에 하나님이 없다면 별의별 조치를 취한다고 하여도 생각만 복잡해지고,

복잡한 생각만큼 삶은 꼬이게 됩니다.

일상과 종교생활

자타가 공인하는, 가능성 없는 사람들에게도 "아니다, 너희는 여전히 하나님의 자녀로서 복이 있다"고 하셨습니다. 그래서 그들은 저주의 굴레를 벗고 한 걸음 나갔습니다. 그들에게 "너희는 원래 세상에서 가장 중요한 빛이고 소금이다"라고 하셨습니다. 그래서 빛이신 하나님을 가슴에 품고 한 걸음 더 나갔습니다. 그리고 그들에게 영원하신 하나님의 뜻으로 계명의 중요성을 가르쳐주셨습니다. 이어서 하나님을 가장 사랑하게 된 사람들에게 어떻게 살아야 하는지 구체적으로 가르치십니다.

먼저 정확히 알아야 할 것이 있습니다. 세상엔 매력적인 여자들과 남자들이 참 많습니다. 사람마다 정도의 차이가 있겠지만 아름다운 이성에게 성적 욕구가 생길 때도 있습니다. 그런데 이 성적 욕구를 문제시합니다. 그래서 피투성이 바리새인들도 생기고, 주상성자 시몬과 같은 사람들도 생기고, 바늘로 허벅지를 콕콕 찌르거나, 여자들에게 차도르를 뒤집어 씌워 성적 욕구 자체를 차단하려고 합니다.

그런데 남자와 여자들이 서로를 신앙생활의 장애물로 본다거나,

성적 욕구를 죽이려는 것은 종교에서 나타나는 가장 잘못된 행태들입니다. 한마디로, 창조주 하나님과 그분의 깊은 뜻에 대한 무지나 오해의 소산입니다. 성적 욕구는 매우 강해서, 없애려 한다고 해서 없어지지 않습니다. 그래서 겉으로는 관심 없는 척하고는 속으로 곪아터집니다. 그 결과 종교계에서 끊임없는 성추문이 이어집니다.

성적 욕구는 하나님이 주신 아주 중요한 '선물'입니다. 선물이란 좋은 의도에서 주셨다는 뜻입니다. 하나님께서 남자와 여자를 만드시고 성적 욕구를 주셨습니다. 성적 욕구가 없었다면 세상은 존재하지 않을 것입니다. 이성을 보고 성적 욕구를 느끼는 것은 자연스럽고 건강한 일입니다. 가장 기본이 되는 마음가짐은, 남자와 여자로 만드시고 성적 욕구를 주신 것을 하나님의 창조섭리로, 기쁨과 감사함으로 받아들이는 일입니다.

둘째, 그러나 성적 욕구가 본능이라고 해서 그 욕구를 모두 반드시 채워야 한다는 것은 절대로 아닙니다. 식욕이 본능이라고 해서 남의 음식을 뺏거나 훔쳐 먹어서는 안 되는 것과 같습니다. 돈을 좋아한다고 해서 수단과 방법을 가리지 않고 모으려 한다면 그것은 죄악입니다.

셋째, 헬라어 원문을 대조하여 마태복음 5장 28절 초반부를 좀 더 정확히 번역하면 '음욕을 채울 목적으로 여자를 보는 사람'입니다. 음욕을 위한 음욕으로, 여자를 단지 성적 대상자나 욕구 충족의 대상으로만 본다는 뜻입니다. 이성을 오직 욕구 충족의 대상으로만 본다는 것은 큰 문제입니다. 예수님께서 문제 삼는 사람은 바로 이런 사람들입니다. 이 점을 명확히 해야 합니다.

예수님께서 최종적으로 문제 삼으시는 것은, 마음의 완악함입니다. 즉 '마음의 간음'입니다. 이 일을 경계하라는 것입니다. 당시 사람들은 아내 외에 다른 여성과 육체적 관계만 맺지 않으면 의로운 것으로 보았습니다. 그래서 어떻게 해서든지 관계 맺는 일만 피하는 일에 몰두하였고, 정작 해야 할 일은 하지 않았습니다. 반대로 오늘날에는 욕구를 충족시킬 이성을 찾는 일에 몰두하느라, 해야 할 일을 못하는 경향이 많습니다. 어찌 되었건 그렇게 하는 동안 하나님의 건강한 자녀로서 마땅히 누려야 할 행복을 누리지 못하고, 마땅히 해야 할 일을 하지 못하며 시간과 생명을 탕진하고 맙니다.

예수님은 일상의 삶과 종교생활을 구분하지 않으셨습니다. 종교와 일상의 삶은 분리된 것이 아닙니다. 교회에만 붙어 있으라는 뜻이 아닙니다. 일상의 삶에서 예수님의 가르침을 살아보라, 그리하면 삶이 풍요롭게 된다는 것이 가르침의 핵심입니다.

이제 문제의 핵심을 알았습니다. 그렇다면 어떻게 이 문제를 해결해야 할까요?

첫째, 그 어떤 경우에도 인간을 욕구 충족의 수단으로 삼아서는 안 됩니다. 성적 대상자로, 나아가서는 착취와 이용의 수단으로, 일신의 영달과 이익추구의 수단으로 삼아서는 안 됩니다. 이런 일이 얼마나 많은지 모릅니다. 오히려 인간을 진정한 사랑의 대상으로 보는 경우가 드뭅니다. 그 결과 이 아름다운 세상이 불행으로 신음하는 사람들로 가득하게 되었습니다.

"누구든지 아내를 버리려거든 이혼 증서를 줄 것이라 하였으나"(마 5:31). 당시 여자들은 단지 재산의 일부요 소유 품목이었습니다. 그래서 마음에 들지 않으면 언제든지 버릴 수 있었습니다. 심지어 음식을 태우거나 너무 짜게 만들어도 이혼하는 남자들이 있었습니다. 이런 일들은 오늘날 중동 지역에서 흔히 일어납니다. 그런데 이혼 당한 여자는 당장의 생계가 큰 문제였습니다. 재혼할 수도 없었습니다. 만약 다른 남자와 동침할 경우, 간음죄로 기소되었고, 그 경우 여자는 죽음을 당해도 아무런 할 말이 없습니다. 그러나 이혼증서가 있으면 다시 재혼할 수도 있고, 간음죄로 죽임을 당하는 것을 피할 수 있었습니다.

예수님께서 말씀하십니다. "누구든지 음행한 이유 없이 아내를 버리면 이는 그로 간음하게 함이요, 또 누구든지 버림받은 여자에게 장가드는 자도 간음함이니라"(마 5:32). 이 말씀은 이혼 절대불가 방침을 말씀하신 것이 아닙니다. 이 말씀에 담긴 뜻은, 남녀의 비열함을 통렬히 비판하시면서, 하나님께서 주신 선물을 추하게 오용하지 말고, 사람을 수단으로 보아서는 안 된다는 강력한 촉구입니다.

사도 베드로가 당부합니다. "남편들아, 이와 같이 지식을 따라 너희 아내와 동거하고 그를 더 연약한 그릇이요, 또 생명의 은혜를 함께 이어받을 자로 알아 귀히 여기라. 이는 너희 기도가 막히지 아니하게 하려 함이라"(벧전 3:7).

물건 취급받던 아내들을 생명의 유업을 함께 받을 자로 귀히 여기라는 당부는 당시로서는 경천동지의 말씀이었습니다. 이 말씀을 읽을 때마다 '기도祈禱'가 '기도氣道'로 보입니다. 아내를 귀히 여기지 않을 때는 '기도는 물론 숨통까지 막힌다'로 읽히는 겁니다. 당연히 오늘날에도 이 말씀은 계속 유효하며, 이혼이 다반사인 지금에 더욱 중요한 의미를 갖게 되었습니다. 남편과 아내 모두 생명의 은혜를 유업으로 함께 받을 자로 알고 귀히 여겨야 합니다.

둘째, 모든 성경의 가르침은 하나님과 사랑하는 관계에서 받아들어야 합니다. 하나님이 주시는 모든 가르침은 우리의 참 행복과 안녕을 위한 것입니다. 사랑하는 자녀가 불행해지면 부모의 마음은 갈가리 찢어집니다. 철이 든다는 것은 부모의 마음을 알게 되었다는 것입니다. 참 신앙이란 "아, 내가 망가지면 하나님께서 얼마나 슬퍼하실까?" 하는 생각으로 올바로 사는 것입니다.

덕德, virtue에 해당되는 헬라어가 두 가지입니다. 아레테arete와 디카이오수네dikaiosune입니다. 이 두 단어는 본질상 큰 차이가 있습니다. 아레테는 인간 자체의 능력과 성취를 강조한 반면, 디카이오수

네는 하나님과 영혼의 관계를 중시합니다. 즉 "나는 그 어떤 여자에게도 눈을 주지 않는 경건한 사람이다. 그러므로 나는 의롭다"는 것은 아레테이고 "내가 다른 사람을 욕구 충족의 수단으로 보아 간음한다면, 하나님께서 슬퍼하시고 내 영혼은 파괴된다. 그러므로 나는 그렇게 하지 않겠다"는 것이 디카이오수네입니다. 내 안에 하나님이 살아 계시고, 하나님의 마음을 올바로 알면 디카이오수네의 길을 자연히 가게 됩니다. 그 길에는 언제나 긍휼과 용서가 있습니다. 그래서 기쁨으로 갈 수 있습니다.

셋째로, 소극적인 방어 자세를 버리고 적극적인 추구의 자세로 전환해야 합니다. 사도 바울이 권면합니다. "시와 찬송과 신령한 노래들로 서로 화답하며 너희의 마음으로 주께 노래하며 찬송하며 범사에 우리 주 예수 그리스도의 이름으로 항상 아버지 하나님께 감사하며 그리스도를 경외함으로 피차 복종하라"(엡 5:19-21).

오디세우스는 사이렌의 노래에 현혹당하지 않기 위해 선원들의 귀를 막고 자신의 몸은 돛대에 꽁꽁 묶었습니다. 그러나 오르페우스는 사이렌의 노래보다 더 아름다운 음악을 연주함으로 그 유혹을 이겼습니다.

"저것은 죄야, 사탄의 속삭임이야. 피해야 해. 싸워 이겨야 해." 이것은 귀를 막고 자신의 몸을 꽁꽁 묶어놓는 소극적 방어 자세입니다. 이런 태도가 오늘날 교회 내에 팽배해 있습니다. 여기서 벗어나기를 권면합니다. 대신 하나님의 자녀답게 당당한 모습을 추구해야 합니다. 하나님을 향한 시와 찬송과 감사로 마음을 채워 시시한 유혹이나 너절한 생각들이 범접하지 못하게 하십시오. 그리고 하나님을 사랑하며 그리스도를 경외하는 마음으로 피차 존중하십시오.

예수님은 지고하신 하나님의 아들이지만 우리를 수단으로 보지 않으셨습니다. 먼지와 같은 우리를 위해 고귀한 생명을 버리셨습니다. 예수님을 닮는다는 것은 그 누구도 수단으로 보지 않는 것입니다. 모든 인간을 사랑의 대상으로 보는 것입니다. 생명은 노리개가 아닙니다. 수단이 아닙니다. 서로가 서로에게 수단이 되지 않을 때, 진정한 행복이 이루어집니다. 이것이 곧 계명이 완성된다는 뜻입니다.

하나님께서 모든 사람들에게 주신 생명으로 그대는 무엇을 하고 있습니까?

7

맹세 앞에
우선멈춤

오직 너희 말은 옳다 옳다, 아니라 아니라 하라.
이에서 지나는 것은 악으로부터 나느니라.
-
마 5 : 33 - 37

우리가 하나님의 뜻을 따라야 할까요?
하나님이 우리의 뜻을 따라야 할까요?

스캇 펙 박사의 소설 《저 하늘에서도 이 땅에
서처럼*In Heaven As On Earth*》에서, 죽어서 하늘나
라에 간 주인공 다니엘은 자신보다 먼저 죽은 아
들 티미를 만납니다. 하늘나라에서 멘토가 되어 나타난 아
들 티미에게 아버지 다니엘은 지혜를 구합니다. 그러자 티미는 하
늘나라에 잘 적응하기 위한 세 가지를 조언해줍니다. 첫째, 서두르
지 말라. 둘째, 사물을 통제하려고 하지 말라. 셋째, 순수한 마음을
가지라. '저 하늘에서도 이 땅에서처럼'이라는 제목이 의미하는 바
처럼, 세 가지 조언은 이 땅에서 제대로 살기 위한 중요한 조언들입
니다. 그 중에 가장 마음에 남는 것은 '사물을 통제하려고 하지 말
라'입니다.

사람들은 사물뿐만 아니라, 다른 사람들을 조종하여 자신의 뜻을
관철시키려고 애를 쓰고, 심지어는 신의 영역, 하나님마저도 조종

하려고 합니다. 주문呪文은 귀신을 부릴 수 있는 특별한 말입니다. 귀신을 부려보겠다고 그 주문을 열심히 외웁니다. 또한 잡귀를 물리치겠고 액운을 막겠다고 부적을 여기저기 붙이고, 천장에 북어를 달아놓고, 붉은 팥죽을 집주변에 뿌리기도 합니다. 기독교인이라고 다를까요? 하나님 마음을 움직이라고 독려하는 목사나, 또 이에 따라 부르짖는 기도로 하늘 보좌에 앉으신 하나님마저 움직여보겠다고 몸부림을 치는 교인들이 많습니다.

우리가 하나님의 뜻을 따라야 할까요, 하나님이 우리의 뜻을 따라야 할까요?

헌금에 관한 올바른 자세

장난감을 사달라고 바닥에 뒹굴고 울며 떼를 쓰는 아이에게 엄마가 야단을 칩니다. 그러자 꼬마가 울면서 엄마에게 소리칩니다. "이제 엄마라고도 하지 않을 거야!" 원하는 것 내놓으라며 교회 의자에 앉아 뒹굴며, 부르짖는 어른들을 보면서 하나님 마음은 어떠할까요? 하나님의 마음, 하나님의 뜻을 올바로 깨닫기 위해서는 무엇보다도 통제하고 조종하려는 마음을 버려야 합니다.

언젠가 교회 홈페이지 게시판에 이런 글이 올라왔습니다. 자신이 다니는 교회가 건축을 하는데, 부흥사가 와서 열변을 토한 후에 건축헌금을 작정하여 제출하라고 하였고, 마음이 흥분한 터라 분에 넘치는 목표액을 써서 제출했다는 것입니다. 물론 그 부흥사는 교인들이 낸 종이 뭉치 위에 손을 얹고 헌금을 감당할 수 있는 복을 주시라고 간절히 기도하였을 것이고, 또 하나님께 서원한 것이니 반드시 갚아야 한다고 강조하였을 것입니다. 그런데 집에 돌아와 생각해보니 자신이 도저히 감당할 수 없는 액수여서 잠이 오질 않았고, 하나님 앞에서 한 약속이라 취소할 수도 없으니 어떻게 하면 좋겠냐는 것입니다.

또 개인 사업을 하는 사람의 질문도 있었습니다. 새해가 되면 교회에서는 십일조를 작정하고 하나님께 서원하도록 한다는 것입니다. 그래서 십일조 금액을 작정하였는데, 사업이 부진하여 빚까지 얻을 지경이 되었습니다. 그러나 작정한 십일조 헌금은 하나님께 서원한 것이므로 반드시 해야 한다는 것입니다. 그래서 어쩌면 좋겠느냐고 문의한 것입니다.

어쩌다가 주님의 몸 된 교회가 이 모양이 되었는지 그저 기가 막힐 따름입니다. 수입은 그때 그때 다릅니다. 개인 사업을 하는 경우는 더욱 그렇습니다. 십일조 금액을 작정하여 서원하게 하는 자체가 모순이고 잘못입니다. 십일조를 서원하도록 한 목사들이 어떤 구절을 인용했는지 뻔합니다. 야곱이 벧엘에서 한 서원입니다.

야곱이 서원하여 이르되, 하나님이 나와 함께 계셔서 내가 가는 이 길
에서 나를 지키시고 먹을 떡과 입을 옷을 주시어 … 하나님께서 내게
주신 모든 것에서 십분의 일을 내가 반드시 하나님께 드리겠나이다 하
였더라(창 28:20-22).

야곱이 십일조를 드릴 것을 서원한 것이지, 그 액수를 정한 것이
아닙니다. 마찬가지로 건축헌금을 서원하게 하는 것 자체도 잘못입
니다. 이것은 하나님의 이름을 도용하고 성경구절을 차용하여 교인
들을 교묘히 조종하고 통제하는 것입니다.

그렇다면 각자 생각대로 하도록 방치하라는 말이냐고 반문할 수
있습니다. 그래서는 안 됩니다. 교인들을 올바른 길로 인도하고 그
길을 가도록 훈련해야 합니다. 예수님은 그 어떤 교묘한 방법도 사
용하지 않으셨습니다. 하나님의 뜻을 명명백백하게 밝히셨습니다.
이어서 하나님의 사랑을 먼저 몸으로 보이셨습니다. 때로는 바리새
인들을 향해 무서운 말로 질책도 하셨지만, 언제나 하나님의 길을
가도록 인도하고 격려하고 도와주셨습니다. 이 모든 일을 뒤에서
행하지 않으셨습니다. 밝은 광명 아래서 당당하게 행하셨습니다.

헌금에 관한 올바른 자세는 무엇일까요?

헌금은 '자원하는 마음'이 우선입니다.

"이스라엘 자손에게 명령하여 내게 예물을 가져오라 하고 기쁜

마음으로 내는 자가 내게 바치는 모든 것을 너희는 받을지니라"(출 25:2)는 말씀은 430년간 노예로 살던 이스라엘 백성들을 구원하신 하나님께서 모세에게 성소를 지으라고 명령하실 때에 하신 말씀이 며, 최초의 건축헌금에 관한 내용입니다.

'무릇 기쁜 마음으로 내는 자'란 곧 하나님을 사랑하고, 하나님의 은혜에 감사하는 사람들입니다. 하나님에 대한 사랑과 감사가 헌금의 기초입니다.

십일조는 "하나님, 당신은 나의 주인이십니다"라는 신앙고백입니다. 그러므로 헌금을 바쳐 하나님의 복을 받으려는 생각은 철저히 버리셔야 합니다. 그런 마음으로 바치는 헌금은 복채며 뇌물입니다. 어떤 뇌물도 절대로 받아서는 안 되는 마당에 하나님께서 뇌물을 받으시겠습니까?

하나님을 가장 사랑한다면, 잔머리 굴리며 계산도 하지 않습니다. 체면으로 하지도 않습니다. 성경말씀을 요리조리 악용하지도 않습니다. 형편이 좋지 않아 드리지 못할 때도 송구스럽기는 하겠지만, 벌 받을까 두려워하거나 하나님의 것을 도적질했다는 죄책감도 느끼지 않습니다. 또 많이 했다고 생색내거나 떠벌리거나 목에 힘을 주지도 않습니다. 그저 이 험한 세상에서 베풀며 헌금하며 살게 하신 하나님께 감사할 따름입니다.

그렇다면 "하나님을 사랑하지도, 하나님께 감사하지도 않는 사람은 헌금하지 않아도 되는가요?"라고 묻는 사람이 있을 것입니다. 그러나 이것은 너무나 큰 문제입니다. 그런 사람의 믿음은 의심스러운 것입니다. 헌금은 믿음의 바로미터입니다.

이렇게 헌금에 대해서 길게 이야기하는 데는 그만한 이유가 있습니다. 예수님께서 말씀하십니다. "헛 맹세를 하지 말고 네 맹세한 것을 주께 지키라 하였다는 것을 너희가 들었으나"(마 5:33). 헛된 맹세를 하지 말고, 또 맹세한 것은 반드시 지키라는 옛사람의 가르침은 너무나 당연한 것입니다. 그런데 예수님께서는 "도무지 맹세하지 말지니"라고 하십니다. 하늘이고, 땅이고, 자신의 목숨이고 뭐고 간에 그 어떤 맹세도 절대로 하지 말라고 하십니다. 왜 그러는 것일까요?

사람들은 흔히 하늘에 두고 맹세한다는 둥, 내 성을 걸고 맹세한다는 둥, 갖가지 약속과 맹세를 합니다. 언제 그런 맹세를 하는지 곰곰이 생각해보십시오. 모두 다 자신의 말을 믿게 하기 위해서, 자신의 생각을 관철시키기 위해서입니다.

그렇다면 왜 자신의 말을 상대방이 믿기를 바라는 걸까요? 상대방에게 영향력을 행사하기 위해서, 상대방을 조종하고 통제하기 위해서입니다. 거창한 대상, 즉 하나님이니 하늘이니 땅이니 조상이니 자기 목숨이니 하는 것들을 끌어들여서 자신이 정직하며 신뢰할 만한 사람임을 주장하는 것입니다.

특히 자신의 뜻을 관철시키기 위해 하나님을 거론하는 것은 '하나님의 이름을 망령되이 일컫는 것'과 깊은 관련이 있습니다. 일컫는다는 히브리어 티쇠*tish'a*의 원래 뜻은 '가지고 다닌다'입니다. 자신의 이익을 위하여 필요할 때마다 주머니 속에 가지고 다니던 하나님의 이름을 꺼내 들먹인다는 것입니다.

판사들이 가장 애를 먹는 재판은 기독교인들 간의 분쟁이라고 합니다. 그 이유는 저마다 자신의 정당성을 주장하기 위해서 하나님의 이름이나 성경구절을 들고 나오기 때문입니다. 주변 사람들을 한번 둘러보십시오. 맹세를 하는 잘하는 사람들이 있습니다. 그런 사람들은 과연 믿을 만한 존재인가를 한번 생각해보십시오. 각서를 자주 쓰는 사람들이 있는데, 믿지 못할 사람들입니다.

맹세를 금하신 예수님의 또 다른 뜻은, 맹세로 인한 함정에 빠지지 말라는 것입니다. 앞에서 언급한 건축헌금 작정이나 연초에 하는 십일조 서원이 대표적인 예입니다. 또한 많은 사람들이 빠져 신세를 망치는 함정이 있습니다. 보증의 함정입니다. 보증을 잘못 서온 가정이 어려움을 겪는 이야기는 너무나 많습니다. 보증도 맹세의 일종입니다.

왜 보증을 서주는 것일까요? 마음이 약해서? 거절할 줄 몰라서? 그럴 수도 있습니다. 그런데 혹시 자신이 착한 사람이라는 것을 보이기 위해서, 또는 자기 과시를 위해서 그렇게 한 적이 없을까요? 그런 마음으로 인해 상대방의 맹세에 놀아난 것입니다. 물론 정말

도와주고 싶어서 그렇게 할 수도 있습니다. 그렇다면 절대로 억울해하지 말아야 합니다. 하지만 가족들까지 어려움에 빠지게 한 책임은 면할 수 없습니다. 보증, 절대로 하지 맙시다. 차라리 그럴 능력이 있다면 얼마의 돈을 거저 주십시오. 그리고 보증의 함정에는 절대로 빠지지 마십시오.

사람을 살리고 섬기는 일

예수님의 가르침과 생애를 면밀히 검토해보면 절대로 하지 않은 것이 있습니다. 예수님은 남을 조종하거나 통제하지 않으셨다는 점입니다. 예수님은 하나님의 아들이십니다. 절대적인 영향력과 통제권을 가지셨습니다. 막강 로마나 종교지도자들도 한방에 날려 보내실 능력을 가지셨습니다. 그러나 그 힘을 절대로 남용하지 않았습니다. 인간은 그 누구도 남을 통제할 자격이나 능력이 없으며, 오히려 자신이 올무에 빠지는 결과를 낳습니다. 맹세를 남발하며 남을 속이며 사는 그 자체가 가장 깊은 함정임을 기억하십시오.

세상에 '중요한 사람'은 없습니다. 인간은 모두 하찮은 존재들입니다. 생각해보십시오. 반드시 있어야 할 것 같았던 사람들이 죽거나 없어져도 잠시의 혼란은 있지만 괜찮았습니다. 하나님께서 하신 일을 생각해보십시오. 이집트의 왕자 모세가 40세에 모든 영화를 버리고 비장한 마음으로 자기 민족을 구하려 나서자 광야 한 구석에 처박아놓고 장인의 양떼나 몰게 하셨습니다. 무려 40년 동안 광야에서 골칫덩어리 이스라엘 민족을 이끌다가 젖과 꿀이 흐르는 가나안 땅에 이르자, 그 목전에서 모세를 불러들였습니다. 초대 기독교의 수장 베드로나 바울도 모두 다 일찍 부르셨습니다. 마더 데레사, 김수환 추기경, 법정 스님 등 이 세상에는 없지만 그럭저럭 돌아가고 있습니다. 괜히 추모한다고 훌쩍거리지 마십시오. 다 하나님이 어떤 분이신지 잘 몰라서 그렇게 하는 것입니다.

나는 중요한 사람, 나 없으면 안 된다는 생각을 버리십시오. 스스로 중요하다고 생각하는 사람들은 일찍 없어지는 것이 모두에게 이롭습니다. 히틀러, 김일성과 같은 독재자들이 좋은 예들입니다. 사도 바울이 이런 말을 합니다.

그러나 무엇이든지 내게 유익하던 것을 내가 그리스도를 위하여 다 해로 여길뿐더러 … 배설물로 여김은 그리스도를 얻고 그 안에서 발견되려 함이니(빌 3:7-8).

사울은 자신이 중요한 존재임을 증명하려고 하나님까지 동원하며 맹세합니다. 그러다가 다메섹 도상에서 예수님을 만났습니다.

그분을 누구보다 사랑하게 되었습니다. 그러자 그렇게 내세웠던 신분, 학벌, 신앙, 가문, 그 모든 것들이 배설물로 보였습니다. 자신이 얼마나 하찮은 존재인지 알게 되었습니다. 세상에 '중요한 사람'은 없습니다. 그러나 '중요한 일'은 있습니다. 바로 그리스도 안에서 발견되는 것입니다. 진정한 그리스도인이 되는 일입니다.

레위기는 성막 제사 규정집입니다. 그런데 신이나 조상님들께 제사를 잘 드려 복 많이 받으라는 것과는 전혀 차원이 다릅니다. 기독교의 제사장으로서 하나님 앞에 어떻게 서야 하는가에 관한 규정입니다. 그런데 레위기는 '서원'에 관해 자세하게 풀어놓았고 '십일조'를 설명하며 마침표를 찍습니다. 왜 레위기는 서원과 십일조 이야기를 할까요?

'서원'은 히브리어로 '네데르*neder*'인데, 그 뜻은 '다짐하다', '맹세하다', '헌신하다'입니다. 서원은 곧 '하나님 앞에서의 맹세'입니다. 하나님 앞에서의 맹세는 하나님을 들먹이는 맹세와는 아무런 관계가 없습니다. '서원'처럼 오용되고 남용되는 것도 드뭅니다.

이 방법, 저 방법 다 써보고 그래도 안 될 때 하나님께 서원을 합니다. "하나님, 이번 일만 해결해주시면 교회 열심히 다니고 십일조도 꼬박꼬박 하겠습니다. 물론 새벽기도도 빠지지 않겠습니다."

교회에서 건축이나 큰 돈 드는 일을 할 때, 목사들이 교인들로 하여금 서원할 것을 종용합니다. 그러나 서원은 하나님과 거래하라고, 헌금 거두는 목적으로 사용하라고 주신 것이 절대로 아닙니다.

하나님께서 서원을 열어주신 깊은 뜻이 있습니다. 하나님과의 관계를 맺게 하기 위해서입니다. 맹세와 서원의 진정한 목적은 어떤 조건도 없이 나를 하나님께 드리는 것입니다. '하나님과의 동행'과 '심화되는 하나님과의 관계'입니다. 그 자체가 복입니다. 곧 내가 그리스도 안에서 발견되는 것입니다. 제사장으로서 하나님 앞에 바로 서는 것입니다. 하나님의 일을 하겠다는 것입니다. 하나님의 일, 그것은 사람을 살리는 일이고 섬기는 일입니다. 그것이 중요한 일입니다. 그 일을 할 때, 먼지와도 같던 내가 예수 그리스도 안에서 누구보다도 중요한 존재로 여김을 받습니다.

어그러지고 거스리는 세대 가운데서 하나님의 흠 없는 자녀로 세상에서 그들 가운데 빛들로 나타내며(빌 2:15).

내가 중요한 존재임을 증명하려는 시도를 멈춥시다. 남을 통제하고 조종하려는 모든 시도를 멈춥시다. 다만 나는 예수님께서 맡기신 일, 섬기고 살리는 일을 할 따름입니다. 그 자체가 복입니다. 나는 하나님의 영광을 드러내는 빛이 될 것입니다.

내 안의 복을 극대화 하라

네게 구하는 자에게 주며
네게 꾸고자 하는 자에게 거절하지 말라.
-
마 5 : 38 - 42

"네가 낫기를 원하느냐?"
사람들은 나아지기를 원합니다.

플로리다 올란도에 있는 이코노롯지 호텔에서
보수 책임자로 일하고 있는 리카르도는 의대에
서 공부하고 있는 둘째 아들을 위해 밤에도 일합
니다. 투잡 인생을 사는 것입니다. 그런 그가 뜻밖의 소식을 듣게
됩니다. 아들이 의대를 졸업할 때까지 회사에서 장학금을 주겠다는
것입니다. 또한 그에게 보너스로 전용 카트까지 주어져 넓은 호텔
을 신속하게 다닐 수 있게 되었습니다. 어떻게 이런 일이! 리카르도
는 도저히 믿을 수 없었습니다.

플로리다의 컴포트 호텔 객실 관리 책임자 크리스티나는 어느 날,
승진과 함께 호텔 총지배인 과정을 공짜로 공부할 수 있는 행운이
주어졌습니다. 두 아이를 키우며 힘겹게 살아가는 그녀에겐 그저
허무맹랑한 꿈이었을 뿐입니다. 그런데 그 꿈이 이루어진 것입니
다. 게다가 온 가족이 함께 원하는 어떤 곳에서든지 마음껏 즐길 수

있는 항공권과 숙박권을 보너스로 받았습니다. 난생 처음 있는 일입니다. 믿어지지 않지만 사실이었습니다.

인디애나 주 작은 호텔에 영업 담당자 존은 어느 날 6,000개의 호텔을 거느린 초이스 본사의 영업이사로 발탁되었습니다. 흑인에게는 도무지 주어지지 않던 직책이있습니다. 게다가 양복을 해입으라고 5,000달러의 보너스도 주어졌습니다. 사람들도, 자신도 모두 기적이 일어났다고 감격했습니다.

자, 이들이 경험한 기적의 실체를 검토해보기로 합시다.

6,000여 개의 호텔을 거느린 호텔 체인 초이스그룹의 스티브 토도브 회장은 〈언더커버 보스Undercover Boss〉의 출연 제의를 받습니다. 〈언더커버 보스〉는 최고 경영자가 자신의 회사에 위장 취업하고 겪게 되는 여러 일들을 방영하는 다큐멘터리입니다. 너무나 큰 회사라 직원들이 대부분 회장의 얼굴을 모릅니다. 스티브 회장은 그거 괜찮겠다는 생각에 승낙하였습니다. 리카르도와 크리스티나와 존은 방송 때문에 스티브가 만난 직원들입니다. 그들에게 공통점이 있습니다. 바쁘고 열악한 환경에서도 맡은 일들을 즐겁게 한다는 것입니다. 또한 바쁜 와중에도 나이 든 신입 사원인 스티브에게 친절하게 가르쳐주었습니다.

무엇보다도 그들에게는 꿈이 있었습니다. 의대 아들을 지원하고, 호텔 총지배인을 꿈꾸며, 아무도 알아주지 않는 곳에서 열심히 살아가는 사람들입니다. 그룹 총수인 스티브는 이들의 인간성과 성실성에 큰 감동을 받았습니다. 자신이 거느린 호텔들의 문제점들을 개선하고 보완하는 많은 아이디어를 얻은 것은 스티브 회장 자신에게 주어진 보너스였습니다. 감동한 스티브 회장은 그들의 꿈을 실현시켜주기로 하였습니다. 이것이 기적의 실체입니다.

자, 만약에 열악한 근무 환경에 불평을 늘어놓고, 자신의 처지를 한탄하면서 맡은 일을 등한시 했다면 그들은 어떻게 되었을까요? 그나마 그 작은 일자리에서도 해고당했을 것입니다. 해고당하면서 자신의 과오가 무엇인지 알지 못하고 더 큰 원망을 하였을 것이고, 행여 교회에 다니고 있다면 "하나님, 왜 저에게 시련만 주십니까?" 하고 항의하였을 것입니다.

네 안에 복이 있다

예수님께서 병을 고쳐주시기 전에 꼭 하시는 질문이 있습니다. "네가 낫기를 원하느냐?" 사람들은 나아지기를 원합니다. 능력도 나아지기를, 형편이나 처지도 나아지기를, 병도 낫기를, 원하는 바가 이루어지기를 바랍니다. 그래서 예수님의 질문에 모두 "네!"라고 대답합니다. 그런데 다음이 문제입니다. 원하는 바가 이루어진 다음에, 진정 하나님이 원하시는 삶을 사는가 하는 것입니다.

하나님께서 원하는 삶을 살지 않는 사람들이 대부분입니다. 그 증거가 오늘을 사는 우리의 삶 자체입니다. 40년 전만 해도 우리나라 대부분의 사람들은 먹고 살기조차 힘들었습니다. 요즘 형편이 얼마나 좋아졌는지 모릅니다. 전 세계 사람들이 기적이라고 말합니다. 그러나 사람들은 훨씬 더 나약해지고 어리석었고, 한편으로는 탐욕스러워지고 그악스러워졌습니다.

많은 사람들이 말씀에 갈급해합니다. 가는 곳마다 그런 하소연을 듣게 됩니다. 그런데 말씀에 갈급해하는 사람들을 들여다보면, 말씀에 갈급하다기보다 자신의 처지를 답답해 합니다. 경제적으로 가정적으로 어려운 삶을 살고 있습니다. 가족 간에 우애가 좋고, 경제적으로 어려움이 없으면 별로 갈급해하지 않습니다.

말씀에 갈급하다는 것이 의미하는 바는, 하나님의 기적을 불러오는 방법을 모르겠다는 것입니다. 사실 모르는 것이 아닙니다. 교회에서 가르쳐주었습니다. 전도, 봉사, 헌금, 새벽기도, 철야기도를 열심히 하면 하나님의 기적이 일어난다고 배웠습니다. 그래서 시키는 대로 해보았습니다. 그런데 그렇게 안 됩니다. 안 되니까 갈급하다는 것입니다. 그래서 신령한 목사나 신비한 교회를 찾아 이리저리 옮겨 다녀보지만 별 뾰족한 수가 없습니다. 한창 경제 개발이 이루어질 때는 그런 일들이 종종 있었습니다. 그러나 이제는 우리나라가 경제적으로 발전하고 안정되어서, 예전과 같은 한탕주의는 이제 통하지 않는 세상이 되었습니다. 그런 일들은 잘 일어나지 않게 되었습니다. 물론 잘되는 사람들도 가끔 있습니다. 그런데 기적을 경험하는 사람들을 들여다보면 잘되는 이유가 따로 있습니다. 전도, 봉사, 헌금을 열심히 해서 복을 받은 것이 아니라, 그 사람들은 뭐든지 주어진 일을 열심히 하는 사람들입니다.

독일 우화에 이런 것이 있습니다.

한 소년이 요술 단추를 하나 얻었습니다. 그 단추를 옷에 달고 다니다가 소원을 말하고 돌리면 그대로 이루어집니다. 말썽을 부리고 야단을 맞습니다. 얼른 단추를 돌렸습니다. 시간이 훌쩍 지나 다른 장소에 와 있습니다. 어려운 일이 있을 때마다 단추를 돌렸습니다. 너무나 신났습니다. 재미있는 일을 하다가 지루해지면 단추를 돌렸습니다. 더우면 단추를 돌렸고, 추우면 단추를 돌렸습니다. 1년쯤 지났을까요? 어느 날 우연히 거울을 보았습니다. 깜짝 놀랐습니다. 거울 속엔 단추를 잡고 있는 한 노인이 서 있었습니다.

그저 내게 좋은 일만 생기기를 바라며 별다른 준비를 하지 않는 사람은 그 소년과 다를 바 없습니다. 극단적으로 말하자면, 오늘날 많은 교회들이 그런 소년들을 양산하고 있습니다.

예수님께서 말씀하십니다. "네 안에 복이 있다." 하나님의 복은 외부로부터 오는 것이 아니라, 이미 내 안에 있습니다. 그것을 찾고 개발해야 합니다. 그리고 예수님의 가르침이 가리키는 방향으로 나가야 합니다. 그렇게 갈수록 하나님의 복을 더욱 누릴 수 있습니다.

예수님께서 말씀하십니다. "또 눈은 눈으로, 이는 이로 갚으라 하였다는 것을 너희가 들었으나"(마 5:38). "눈에는 눈, 이에는 이"라는 공식은 인류 최초의 성문법인 함무라비 법전에 기록된, 동서고금을 막론하고 통용되는 기본법입니다. 내가 손해본 만큼 상대방에게 갚아주어야 합니다. 그렇지 못하면 억울해서 잠을 이룰 수 없습니다. 그런데 예수님은 여기서 우리더러 한 발 더 나가라 하십니다. "나는 너희에게 이르노니 악한 자를 대적하지 말라" 하며 구체적으로 설명하십니다.

누구든지 네 오른편 뺨을 치거든 왼편도 돌려 대며, 또 너를 고발하여 속옷을 가지고자 하는 자에게 겉옷까지도 가지게 하며, 또 누구든지 너로 억지로 오리를 가게 하거든 그 사람과 십리를 동행하고 네게 구하는 자에게 주며 네게 꾸고자 하는 자에게 거절하지 말라(마 5:38-42).

너무나 잘 아는 내용입니다. 또한 우리로 하여금 일상의 딜레마에 자주 빠지게 하는 내용이기도 합니다. 이 말씀 앞에서 하게 되는 두 가지 말이 있습니다. "나는 절대로 그렇게 하지 못해"와 "그렇게 하는 사람 있으면 나와 보라 그래"입니다.

먼저 주목해야 하는 말씀은 "악한 자를 대적하지 말라"입니다. 세상이 복잡해지면서 참 어이없는 일들을 많이 당하고 삽니다. 악한 사람들도 주변에 참 많이 있습니다. 하지만 예수님 당시보다는 훨씬 더 좋은 세상입니다. 당시는 로마 식민지 시대였습니다. 백성들은 수시로 모욕과 수치와 착취를 당했습니다. 로마 시민은 유대인 아무나 불러 자기 짐을 지고 부리면서 갈 권한이 있었고, 마음에 드는 것이 있을 때 벌건 대낮에도 강탈하였습니다. 그래도 그 사람을 대적하지 말라는 것입니다.

요즘에 누구를 함부로 때렸다가는 혼쭐이 납니다. 억울한 일을 당했을 때, 가장 먼저 봐야 할 것은 상대방이 악한 의도를 가졌느냐의 여부입니다. 악한 의도가 없이 그랬다면 얼른 용서해주고 잊어버릴 것이요, 악한 사람이라면 아예 상대하지 말아야 합니다.

이 말씀은 한마디로 억울함에 자신을 내어주고 방치하지 말라는 것입니다. 억울한 마음을 가질 때 아무것도 할 수 없기 때문입니다.

하나님이 베푸신 기적

예수님의 생애를 되짚어봅시다.

예수님은 가난한 목수의 아들로 태어나셨습니다. 당시 나사렛은 가장 착취가 심했던 곳이며, 그러면서도 가장 소외된 지역이었습니다. 억울한 일이 많았던 곳입니다. 예수님은 마구간 여물통에서 태어나셨습니다. 돈에 눈이 멀어 산모를 거절한 인간의 몰인정 때문입니다. 그런데 놀랍게도 하나님께서는 마구간 여물통을 하나밖에 없는 아들의 탄생 징표로 삼으셨습니다. 우리 가운데 그 누구도 이런 나쁜 상황에서 태어난 사람은 없습니다. 이를 통해 세상의 그 어떤 탄생도 하나님의 복이 있음을 드러내신 것입니다. 빛과 소금으로 살 수 있음을 선포하신 것입니다.

오른뺨을 때리면 왼뺨을 돌려대고 속옷을 달라면 겉옷까지 벗어 주고, 오리를 가자면 십리를 가주는 정도가 아닙니다. 예수님은 목숨까지도 내어 주셨습니다. 그렇게 하심으로 첫째는 하나님의 사랑을 드러내셨고, 둘째는 악에게 휘둘리지 않으셨습니다.

왜 이렇게 하셨을까요?

천국, 곧 하나님나라가 어떤 곳인지 보여주기 위해서입니다. 그 어떤 성품의 사람들이라도 하나님과 이웃을 사랑하면 복을 누리고 빛과 소금이 되는 곳, 사람을 멸시하거나 수단으로 이용하지 않는 곳, 상대방을 조종하고 통제하려고 술수를 부리지 않는 곳, 우상숭배와 술수와 원수 맺는 것과 분쟁과 시기와 분냄과 당 짓는 것과 투기와 방탕함이 통하지 않는 곳입니다.

사도 요한은 천국을 "하나님은 친히 그들과 함께 계셔서 모든 눈물을 그 눈에서 닦아주시니 다시는 사망이 없고 애통하는 것이나 곡하는 것이나 아픈 것이 다시 있지 아니한"(계 21:3) 곳이라고 묘사하였습니다. 그 천국이 예수님과 함께 이 땅에 임했습니다. 천국의 실체가 드러났습니다.

그동안 사람들은 자신의 처지를 비관하거나, 그악스레 자신만을 위해서 모으며, 사람들을 멸시하고, 그들을 수단으로 이용하며, 사람들뿐만 아니라 하나님마저 조종하고 통제하려고 애쓰며 살았습니다. 실제로 살인과 간음만 하지 않으면 괜찮다고 생각하고 "눈에는 눈, 이에는 이"라는 생각을 당연한 것으로 여기며, 하나님만 열심히 섬기면 이 땅에서는 부귀영화를 누리며 죽어서는 천국에 가는 줄 알고 살았습니다. 그런데 그렇게 열심히 살았음에도 여전히 눈물과 애통함과 억울함이 여전히 남아 있습니다. 이 땅에서도 지옥을 살고, 그것이 죽은 후에도 연장된다는 것을 몰랐습니다. 그런데 예수님께서 오심으로 천국의 실체를 알고, 왜 여전히 불행한가 그 이유를 알게 되었습니다. 예수님의 가르침을 올바로 깨닫고 삶에서 실천하는 사람들은 이미 천국에 참여한 것입니다.

예수님의 가르침을 사는 것은 결코 쉬운 일은 아닙니다. 우리가 불의와 죄악에 너무나 익숙해 있기 때문입니다. 그래서 훈련이 필수적입니다. 하지만 훈련을 거듭하면 곧 익숙해집니다. 습관이 되어 자연스럽게 예수님을 닮아가는 삶을 살 수 있습니다.

〈위대한 탄생〉이라는 TV프로그램이 있습니다. 가수지망생들의 등용문입니다. 멘토들이 평을 합니다. 자신의 제자들을 선발하여 훈련을 시킵니다. 멘토들의 평이 얼마나 가혹한지 모릅니다. 듣고 있는 내가 다 모멸감을 느낄 정도입니다. 그런데 모멸감을 이겨내고 혹독한 멘토의 가르침을 따라가면 놀랍도록 성장합니다. 그럼에도 탈락자들이 생깁니다. 그런데 떠나면서도 눈물을 펑펑 흘립니다. 아쉬운 것도 있지만 멘토의 가르침이 너무나 감사해서 흘리는 눈물입니다. 멘토의 가르침을 평생 잊지 못할 것입니다. 또한 그들의 삶에 더없는 자양분이 될 것입니다.

예수님의 가르침을 잊지 마십시오. 그 가르침을 하나라도 실천하면 나는 그만큼 천국을 누리는 것입니다. 어떤 어려움이 있어도 되돌아서지 마십시오. 현재의 고난은 아무리 커보여도 장차 나타날 엄청난 영광과 비교할 수 없이 작은 것입니다. "부요하신 이로서 너희를 위하여 가난하게 되심은 그의 가난함으로 말미암아 너희로 부요하게 하려 하심이니라"(고후 8:9).

하나님의 아들 예수님은 가장 무서운 고난과 가장 낮은 가난을 이 땅에서 겪었습니다. 모두 다 우리로 부요하게 하기 위함입니다. 이 땅에서부터 천국에 참여하고 그 삶이 천국에서 완성되게 하기 위함입니다. 자신의 목숨을 버려 우리에게 참 자유를 주셨습니다. 그러므로 굳게 서서 다시는 악에게 놀아나는 종의 멍에를 메지 마십시오(갈 5:1).

하나님을 가장 사랑하며 예수님의 가르침을 열심히 살면서 나를 개발하면, 이미 내 안에 있는 하나님의 복이 점점 커져 베풀고도 남음이 있게 됩니다. 그것이 진정한 하나님의 기적입니다.

원수를 사랑하는 훈련

또 네 이웃을 사랑하고 네 원수를
미워하라 하였다는 것을 너희가 들었으나
나는 너희에게 이르노니 너희 원수를 사랑하며
너희를 박해하는 자를 위하여 기도하라.

-

마 5 : 4 3 - 4 8

하나님께서 사랑으로 만드신 세상
예수님께서 사랑으로 이기신 세상

초일류 대학으로도 유명하지만 학비가 비싼 것
으로도 유명한 하버드 대학교에 미중서부 지역
중산층 가정의 한 여학생이 유학을 왔습니다. 비
싼 등록금을 마련하기 위해서 아르바이트로 강의실 청소를 하였습
니다. 함께 수업을 듣는 학생들은 대부분 부잣집 자녀인데, 그들은
이 여학생이 경제수준이 낮다는 이유로 예의나 존중도 없이 함부로
대했고, 거칠고 야비하게 굴 때도 많았습니다. 특히 좋은 가문 출신
의 한 남학생은 일하고 있는 그녀를 볼 때마다 성적인 수작을 걸어
왔습니다. 여학생과 남학생은 윤리 과목을 함께 수강하였는데 남학
생은 언제나 최고 점수를 받았습니다.

여학생은 비싼 수업료를 끝내 감당하지 못하고 학업을 포기해야
했습니다. 그녀는 담당 지도교수인 로버트 콜스 박사와 최종 면담
을 하게 되었습니다. 콜스 박사는 정신의학 및 인문학과 윤리학에

저명한 학자입니다. 그녀는 그동안 겪었던 수모와 만행의 주동자인 동급생들의 명단을 길게 언급하고 나서 이렇게 말을 맺었습니다.

"그동안 철학과 윤리 과목을 들었습니다. 우리는 무엇이 진실이고 무엇이 중요한지, 그리고 무엇이 선善인지 공부했습니다. 그런데 사람들이 진짜 선하게 되도록 만들려면 어떻게 해야 합니까?" 그리고 덧붙였습니다. "선한 사람이 되려고 노력하지 않는다면 선을 아는 것이 무슨 의미가 있나요?"

로버트 콜스 교수는 이에 대해 아무런 대답도 할 수 없었습니다.

윤리 과목에서 최고점을 받았다고 해서 윤리적으로 가장 올바른 사람이 아닙니다. 실제의 삶에서 원수를 사랑하고 있는지, 나를 핍박하는 사람을 위해 기도하는지 스스로에게 질문하면, 우리는 "아니요"라고 대답할 수밖에 없습니다. 원수는커녕 그저 내 취향에 맞지 않는다는 말도 안 되는 이유로 싫어하는 사람들이 있습니다.

그렇게 하는 순간, 예수님의 가르침은 한 점의 구름보다 무의미한 것이 되고, 예수님의 십자가 죽음은 한 잔의 물보다 무가치한 것이 됩니다.

십자가의 참혹한 고통과 죽음에 담으신 예수님의 간절한 가르침이 우리의 마음을 움직여 새로운 세계로 들어가게 한다면 무엇을 더 바라겠습니까?

말이 아닌 능력에 있음을 알라

예수님은 왜 원수를 사랑하라고 하실까요?

당시 로마는 힘과 폭력으로 세상을 정복하였고, 세상의 모든 사람과 나라는 자신의 힘을 키워 로마처럼 되기를 갈망하고 있습니다. 그러나 하나님나라는 사랑과 화해로만 이루어지는 나라입니다. 강압과 술수가 절대로 통하지 않는 나라입니다. 세력 다툼과 군림이 절대로 통하지 않는 나라입니다. 그 태도를 '끝내' 버리지 못하는 사람들은 '끝내' 하나님나라에 들어갈 수 없습니다.

오늘날 목사와 교인들이 어떻게 행동하고 있는지 곰곰이 생각해 봐야 합니다. 원수를 사랑하고, 핍박하는 사람을 위해서 기도할 때, 내 앞에 하나님나라가 활짝 열립니다. 이것이 예수님께서 우리에게 주신 최종목적지입니다.

누구에게나 싫은 사람, 미운 사람이 있습니다. 시간이 지나면 잊을 수도 있고, 또 안 보면 그만이기도 합니다. 그러나 원수는 차원이 다릅니다. 자나 깨나 생각이 나고, 눈에 흙이 들어가도 잊지 못한다고 합니다. 원수를 사랑하라는 말씀은, 우선 '증오의 증폭'을 멈추라는 말씀입니다. 내게 결정적인 해를 입힌 사람이 있을 수 있지만, 사실 원수를 맺을 정도의 사람들이 그렇게 많지는 않습니다.

어떤 사람이 내게 작은 해를 끼쳤습니다. 억울해서 자꾸 생각납니다. 생각할수록 미친 존재감은 확대되고 종래에는 나를 삼켜버립니다. 그래서 도움을 준 사람임에도 원수로 여기게 되고, 자신의 부모의 목숨도 빼앗기도 하고, 남대문도 방화하기도 하고, 그도 저도 못하면 스스로 목숨을 끊기도 합니다.

"너 아직 원수를 미워하고 있어? 내 말에 순종하지 않았으니까 지옥에나 가!"라고 하나님이 말씀하실까요? 그렇지 않습니다. 다만 원수를 미워하고 복수하려는 마음을 해결하지 못하는 한, 나는 지옥을 살면서 하나님의 나라 주변에서 서성일 수밖에 없습니다. 예수님은 절대로 그러지 말기를 신신당부하십니다.

예수님과 더불어 하나님나라가 이 땅에 임했습니다. 하나님나라는 하나님의 법이 통용되는 나라입니다. 예수님의 가르침은 실천하기 어렵고 불가능해보입니다. 그러나 사실은 그렇게 어렵지 않습니다. "하나님의 나라는 말에 있지 아니하고 오직 능력에 있음이라"(고전 4:20).

원수를 사랑하고 나를 핍박하는 자를 위하여 기도하라는 예수님의 말씀은 악에게 당하는 '수동적 자세'에서 우리로 하여금 '가장 적극적인 태도'로 전환시키십니다.

하나님나라에는 상상할 수 없는 엄청난 능력과 복이 있습니다.

원수를 사랑하는 훈련

일본은 우리나라를 가장 괴롭힌 나라였습니다. 그럼에도 그들은 사과 한마디 하지 않으면서, 위안부와 강제 징용에 대한 보상은커녕 되려 독도의 영유권을 주장하고 있습니다. 일본은 한국전쟁을 이용해 2차 대전의 패망을 딛고 부흥한 나라입니다. 그럼에도 일본은 청구권 협상에서 얼마나 인색했는지 모릅니다. 여전히 일본의 지배가 우리나라에게 이익이었다는 생각을 버리지 않고 있습니다. 그런 일본이 현재 여러 가지 어려움에 빠져 있습니다. 그러자 우리나라에서 가장 먼저 구조의 손길을 보냈습니다. 일본을 위한 범국민적 모금을 행하고 있는 나라는 우리나라가 유일합니다.

북한은 일본의 재앙을 어떻게 생각할까 궁금했습니다. 분명 "잘됐다, 쌤통이다" 했을 것입니다. 우리나라 유명한 목사가 "일본의 재앙은 하나님의 징계"라는 말을 하였습니다. 하나님을 믿지 않는 일본에게 하나님께서 재앙으로 징계를 내리셨다는 것입니다. 많은 한국 목사들도 그렇게 말했을 것입니다. 세계의 말썽쟁이라는 북한과 많은 한국 교회의 생각이 비슷하다면 너무나 심각한 문제가 아닐 수 없습니다.

지구는, 산과 바다와 평원과 호수와 사막 등 다양하고 기기묘묘한 지형들이 있는 아름다운 별입니다. 균일하지 않고 밋밋하지 않으므로 당연히 지구는 불안정합니다. 그러므로 균형을 유지하려고 대륙과 대륙이 충돌하므로 어디선가는 지진이 일어날 수밖에 없습니다. 지진은 지구내의 긴장을 발산하는 통로입니다. 그것을 누군가가 감수해야만 합니다. 온 인류가 당해야 할 재난을 일본이 유독 많이 담당하고 있습니다. 그래서 우리나라에 지진이 덜한 것이라 할 수 있습니다. 어쩌면 일본이 우리나라 대신 십자가를 지는 것일 수도 있습니다.

한국 교회가 외면한 원수를 돕는 일에 온 국민이 팔을 걷고 나설 때 과연 어떤 일이 일어날까, 자못 궁금해집니다. 무엇보다도 우리나라가 훨씬 더 성숙해질 것입니다. 영적 리더십이 강화될 것입니다. 진심으로 힘써 도울수록 우리의 성숙함은 높아지고, 그 위에 예측할 수 없는 풍성함이 더해질 것입니다.

> 하나님의 나라는 먹는 것과 마시는 것이 아니요, 오직 성령 안에 있는 의와 평강과 희락이라(롬 14:17).

'성령 안에' 의와 평강과 희락이라는 말에 주목하셔야 합니다. '성령 안에' 복음의 신비가 있습니다. 다른 종교의 창시자들이나 인류의 스승들은 목표를 정해주고 "네 힘으로 가라"고 합니다. 그러나 예수님의 가르침은 성령 안에서 이루어집니다. 이것이 예수님과 다른 스승들과의 차이점입니다.

예수님께서 늘 말씀하십니다. "귀 있는 자는 들으라." 듣고 느끼고 깨닫게 하시는 것은 내가 아니라 성령 하나님이십니다. 그 길을 가게 하시는 것도, 마침내 그리스도의 장성한 분량에 이르기까지 성장하게 하시는 것도 모두 내가 아닌 성령 하나님이십니다. 그래서 그 길을 제대로 가는 사람들은 언제나 용서와 격려와 영감과 기쁨과 보람을 경험합니다. 우리에게 희망이 있는 것은 "원수를 사랑하라"는 예수님의 말씀이 증오로 들끓던 우리의 마음에 문득 들어와 비등점을 낮춘다는 것입니다. 예수님의 그 말씀이 증오에 휘둘리며 아무것도 하지 못하고 있는 망연茫然한 나를 직면하게 합니다.

다리를 보면 건너가고 싶은 생각이 듭니다. 자신의 몸에 채찍질하고 여기저기에 대못을 사정없이 박고 창으로 찔러대는 사람들을 위해 기도하셨던 예수님이 계시는 곳으로 나도 건너가고 싶은 생각이 듭니다. 그런 생각은 내가 하는 것이 아닙니다. 성령 하나님께서 주신 더없이 큰 은혜입니다. 바로 예수님께서 말씀하신 '겨자씨만 한 믿음'입니다. 이런 생각을 그냥 흘러가게 해서는 안 됩니다. 그 겨자씨만 한 믿음은, 생각의 고삐를 단단히 잡을 때 땅에서는 도저히 구할 수 없는 의와 평강과 희락으로, 산을 옮기는 능력으로 바뀌기 시작합니다.

예수님께서 말씀하십니다. "나는 마음이 온유하고 겸손하니 나의 멍에를 메고 내게 배우라. 그러면 너희 마음이 쉼을 얻으리니 이는 내 멍에는 쉽고 내 짐은 가벼움이라 하시니라"(마 11:29-30).

훈련의 시작은 예수님의 멍에를 메는 것에서부터 시작합니다. 예수님의 가르침을 들었다고 해서, 기도를 몇 번 했다고 해서, 그 말씀이 즉시 이루어지는 것은 아닙니다. 베토벤의 소나타 악보를 들고 스타인웨이 앤드 선스 피아노 앞에 앉았다고 최고의 음악을 연주할 수 있는 것이 아닙니다. 최고의 음악을 연주하기 위해서 훈련이 필요하듯이 원수를 사랑하는 일 역시 훈련이 필요합니다.

성령이 도우신다

예수님의 산상수훈을 일상의 삶에서 조금씩 실천해보셨습니까? 그렇다면 이미 깊숙이 하나님나라에 들어선 것입니다. 예수님의 가르침이 결정적인 능력을 발휘하여 저와 여러분들을 살릴 순간이 옵니다. "하나님의 나라는 성령 안에 있는 의와 평강과 희락과 능력이라"는 말씀을 절대로 잊지 마십시오. 이 놀라운 일은 우선 개인에게 임합니다.

간디는 전혀 별 볼 일 없는 인간입니다. 150센티미터 남짓한 왜소한 체격에 이기적인 마음, 요리조리 눈치를 살피며 자신의 욕망을 채우는 비겁한 사람이었습니다. 게다가 그는 기독교인이 아니라 힌두교도였습니다.

그런 간디가 톨스토이의 책을 읽다가 예수님과 성경에 매료되었습니다. 나도 그 말씀대로 살고 싶다는 생각이 든 것입니다. 당시 5억 인구의 인도는 영국 식민지였습니다. 로마의 식민지였던 이스라엘보다 훨씬 더 상황이 나빴습니다. 영국인의 횡포에 맞서 도대체 어떤 일부터 어떻게 해야 할지 아는 사람이 아무도 없었습니다. 속수무책으로 당할 수밖에 없었습니다. 그런데 예수님의 산상수훈이 무슨 일부터 해야 하는지 간디에게 가르쳐주었습니다. 그는 오른뺨을 때리면 왼뺨을 맞았고, 오리를 가자면 십리를 가주었습니다. 아무리 핍박이 심해도 아닌 일은 아니라고 하였습니다. 그렇게 홀로 예수님의 가르침대로 살았습니다.

그렇게 해서 세상 사람들은 역사상 처음으로 '비폭력 무저항주의'라는 것을 보게 됩니다. 한 개인의 실천이 무슨 힘이 있을까 얼마든지 의구심을 가질 수 있습니다. 그러나 다 아시는 대로, 간디의 비폭력 무저항이 당시 태양이 지지 않는 나라 대영제국으로부터 독립을 얻어냅니다. 간디의 무저항 비폭력의 강력한 힘은 훗날 우리나라의 3·1운동에, 인종차별 철폐를 이끌어낸 마틴 루터 킹 목사에게, 알렉산더 솔제니친에게, 레흐 바웬사에게, 바츨라프 하벨에게, 넬슨 만델라에게 지대한 영향을 미치고 수많은 사람들을 자유롭게 해주었습니다. 우리 모두가 예수님의 산상수훈과 간디의 실천에 사랑의 빚을 지고 있습니다.

"그렇지만 간디는 평생 동안 고난과 핍박을 받았잖아요." 하시는 분도 있을 것입니다. 그러나 이것을 아셔야 합니다. 엄청난 부조리와 불의, 고난과 핍박의 부정적인 힘을 능히 물리친 예수님의 가르침의 능력, 무저항 비폭력의 능력이 일상에서 조금만 발휘된다면, 얼마나 큰 창조의 힘으로 나타날까 상상해보십시오. 세상에서 진정으로 성공한 사람들은, 자신을 부정적인 힘에 맡기지 않고 어떤 고난이 와도 자신을 사랑과 긍정으로 몰아간 사람들입니다.

예수님께서 십자가 처형 전날, 제자들에게 하신 고별설교에서 다음과 같이 말씀하십니다. "보라, 너희가 다 각각 제 곳으로 흩어지고 나를 혼자 둘 때가 오나니 벌써 왔도다. 그러나 내가 혼자 있는 것이 아니라 아버지께서 나와 함께 계시느니라"(요 16:32).

혼자인 것 같으나, 예수님의 가르침을 실천하는 사람은 이미 하나님과 함께 있습니다. 하나님나라는 하나님께서 친히 함께 계셔서 그분의 능력을 부어주시는 곳입니다.

이것을 너희에게 이르는 것은 너희로 내 안에서 평안을 누리게 하려 함이라. 세상에서는 너희가 환난을 당하나 담대하라. 내가 세상을 이기었노라(요 16:33).

하나님께서 사랑으로 창조하시고 사랑으로 운행하시는 세상, 예수님께서 이미 그 사랑으로 이긴 그 세상을 우리는 살아가고 있습니다. 그러므로 우리가 집중해야 할 일은, 원수와의 대적보다는 하나님의 사랑과 공의를 열심히 실천하는 일입니다. 원수를 사랑하기로 마음먹고 그들을 위하여 기도할 때, 사탄은 절대로 범접하지 못합니다. 내 안에 계신 하나님의 복이 극대화됩니다.

헛된
영광은
절대 사절

그러므로 구제할 때에 외식하는 자가 사람에게서
영광을 받으려고 회당과 거리에서 하는 것 같이
너희 앞에 나팔을 불지 말라. 진실로 너희에게
이르노니 그들은 자기 상을 이미 받았느니라.
-
마 6 : 1 - 4

낮아질수록 내 그릇은 더 커집니다.
더 큰 복을 담아주십니다.

오지 탐험에 나선 사람들이 마을 원주민들을 안내자로 고용해 길을 재촉하였습니다. 이틀 동안 빠른 발걸음으로 여러 곳을 열심히 둘러보았습니다. 미처 따라가지 못할 속도였습니다. 그런데 사흘째 되는 날 일이 터지고 말았습니다. 해가 중천에 떴는데도 원주민들이 꼼짝도 하지 않는 것이었습니다. 아무리 어르고 달래도, 돈을 더 준다고 해도 움직일 생각을 하지 않았습니다. 왜 그러느냐고 그 이유를 물었습니다. 그러자 원주민들이 대답했습니다. "뒤처진 우리 영혼이 따라오기를 기다리는 중입니다."

어디로 가는 줄 모르고 무작정 달려가는 현대인들입니다. 영혼을 어디에 두고 왔는지 잊은 지 오랩니다. 심령은 피폐해지고, 남은 것은 피곤에 찌든 몸뿐입니다.

한동안 많은 사람들의 사랑을 받은 책이 있습니다. 도쿄 대학을 나온 30대 일본 스님 코이케 류노스케가 쓴 《생각 버리기 연습》입니다. 그는 책에서 "사람은 생각하기 때문에 멍청해진다. 우리를 지배하는 생각을 멈추고 오감을 사용하라"고 충고합니다.

그렇습니다. 우리는 수많은 잡생각에 포위되어 있습니다. 그 생각들은 우리의 의지와는 상관없이 꼬리에 꼬리를 물고, 가뜩이나 바쁜 삶을 더 복잡하게 만듭니다. 코이케 스님은 삶을 혼란스럽게 만들기만 하고 아무 짝에도 쓸모 없는 것들을 '생각병'이라 명명하고 여기서 자유로워지는 길을 제시하고 있습니다. 그런데 제 머리 위로는 반짝 하고 물음표가 생겼습니다.

"사람들이 생각하기 때문에 멍청해진다고?"

내 생각은 내려놓고 하나님의 생각 들기

워싱턴에서 택시운전을 하고 있는 흑인 할아버지 카터는 자신을 단순한 운전사가 아니라 '하나님나라의 운전사'로 생각하며 살아갑니다. 그래서 손님들을 극진하게 모셨습니다. 어느 날 그는 아프리카 말라위에서 온 손님을 태우게 되었고, 같은 아프리카계 사람이라 많은 대화가 친밀하게 이루어졌습니다. 이를 계기로 초청을 받아 말라위를 방문하게 되었습니다.

카터는 그곳에서 상상조차 하지 못했던 가난을 목격했습니다. 그는 마음이 너무 아파 하나님께 기도하였습니다. "주님, 이 마을에 기쁨을 주는 일을 할 수 있도록 저를 도우소서." 하나님께서는 그의 기도에 응답하셨습니다.

카터 할아버지는 택시 운전사답게 마을에 도로가 없는 것을 가장 먼저 보았습니다. 좁은 진흙길뿐이었습니다. 마침 가지고 온 돈이 있어서 마을 사람들을 고용하여 도로를 내기 시작했습니다. 대단한 일도 아니었습니다. 1인당 임금은 1달러 정도였기 때문입니다. 카터의 마음에서 비롯된 '생각' 곧 하나님나라의 정신이 사람들의 공감을 불러일으켰고, 많은 자원봉사자들의 참여로 3일 후에 약 2킬로미터의 도로가 완성되었습니다. 그리고 카터는 미국으로 돌아갔습니다.

1년 후 카터는 이곳이 자꾸 '생각'이 나 다시 방문했습니다. 한 청년이 절도범으로 잘못 기소되어 감옥에 갇힌 사실을 알게 되었습니다. 카터 할아버지는 가는 곳마다 하나님나라와 정의를 구했기 때문에 사건에 적극 개입하여 청년을 석방시켰습니다. 그 외에도 마을이 생각날 때면 한번씩 방문하여 작고 소소한 일들을 하나씩 도왔습니다.

미국으로 돌아가서는 자나 깨나 어떻게 하면 그 마을을 도울 수 있을까 하는 '생각'뿐이어서 만나는 사람들에게 마을 이야기를 했습니다.

다음 해에 또 마을을 찾았습니다. 이번에는 몇몇 청년들에게 농사 개량법을 가르쳐주고 그들에게 씨앗을 사주었습니다. 마을 어린이들에게 축구공을 주었습니다. 하나님나라에서는 즐거움과 놀이도 중요하다고 '생각'했기 때문입니다. 후에는 그 아이들에게 유니폼도 마련해주었는데, 하나님나라에서는 자부심도 중요하다고 늘 '생각'하기 때문입니다.

하나님께서는 카터에게 많은 후원자들을 붙여주셨습니다. 그 마을에 경제적으로 여유 있는 사람들을 먼저 변화시켰습니다. 그들이 낸 기부금을 통해 주변의 어려운 사람들이 도움을 받았습니다. 학교도 세워졌고, 학생 수는 해마다 기하급수적으로 불어났습니다. 카터도 더 바빠졌고 더 즐거워졌습니다. 카터 할아버지의 취미는 그 마을을 잘 돕는 '생각'을 하는 것입니다.

카터 할아버지를 보면, 생각을 많이 하면 멍청해지는 것이 아닌 것 같습니다. 생각도 생각 나름입니다. 코이케 스님이 버리라는 것은 '쓸 데 없는 내 생각들'로 국한되겠지요. 하나님께서 인간에게 이 같은 능력을 주신 것은 카터처럼 '하나님의 선한 생각'을 하길 원하셨기 때문입니다.

낮아질수록 내 그릇이 커진다

가만히 생각해봅시다. 불교에서는 내 안의 망상과 욕망과 싸우라고 합니다. 교회에서는 사탄과 마귀와 싸우라고 합니다. 어쩌면 같은 이야기를 하고 있는지도 모르겠습니다. 그러나 일단 싸움을 멈추라고 조언합니다. 내 안의 망상이나 욕망을 끊어내는 일이나 사탄과 싸우는 일은 결코 쉽지 않습니다. 오죽 했으면 자신을 이기는 사람이 가장 위대한 사람이라고 했겠습니까? 지혜롭게 싸울 힘은 없고, 또한 인간은 너무나 어리석어서 싸우다 보면 그 대상에 한없이 집착하기 때문입니다.

그리스도인의 또 다른 이름은 '새 이스라엘'입니다. 이스라엘이란 '하나님과 겨루는 자'입니다. 이 불경스럽기까지 한 이름에는 하나님의 한없는 사랑이 깃들어 있습니다.

어린 손자가 놀이터에서 한 대 맞고 와서 울음을 터뜨립니다. 그 꼬마에게 할아버지가 "내, 그 녀석들을 혼내주마" 하시며 손자에게 일단 씨름이나 한판 하자고 하십니다. 싫다는 놈을 얼러서 한바탕 뒹굽니다. 어느새 꼬마는 놀이터의 일은 까마득히 잊어버리고 깔깔 웃습니다. 이런 것이 하나님의 사랑이고 기독교입니다.

사도 바울이 말합니다. "우리는 그가 만드신 바라. 그리스도 예수 안에서 선한 일을 위하여 지으심을 받은 자니, 이 일은 하나님이 전에 예비하사 우리로 그 가운데서 행하게 하려 하심이니라"(엡 2:10).
바로 '포이에마$_{poiema}$'를 말합니다. 이 단어에서 poem, 즉 시詩라는
말이 유래하였습니다. 시인을 생각해보십시오. 시인은 끊임없이 시
어를 생각하고 누구도 생각하지 못했던 아름다운 시를 창조해냅니
다. 생각을 많이 하면 할수록 더 아름다운 시를 창조해냅니다. 우리
는 하나님의 작품입니다. 내가 나를 만드는 것이 아니라 '예수 안에서
선한 일을 하도록' 하나님께서 만드신 존재들입니다. 문제는 생각
의 방향입니다. 분노와 이기심으로 치닫는 내 생각을 끊어내는 것
이 아니라, 예수 안에서 선한 일을 어떻게 잘할 수 있을까 그 생각으
로 나를 몰아가는 일입니다.

'예수 안에서 선한 일'이란 무엇일까? 너무나 명백합니다. 살리
려는 생각입니다. 가장 먼저 나를 하나님의 자녀답게 살리는 일입
니다. 나아가서 남을 수단으로 생각하지 않고, 원수마저도 살리려
는 생각입니다. 그 구체적인 실현이 바로 '구제'입니다.

구제에는 여러 가지가 있습니다. 가난하고 소외된 사람들을 돕는
일도 구제입니다. 그런데 이보다 더 중요한 구제가 있습니다. 흔히
하는 말입니다. 아내가 남편에게 "내가 당신을 구제해준 거야." 맞는
말입니다. 곰곰이 생각해보면 세상 모든 일이 서로가 서로에게 하
는 '구제'로 이루어진 것입니다.

구제, 남을 돕는 일에는 반드시 하나님의 보상이 있습니다.

주라, 그리하면 너희에게 줄 것이니 곧 후히 되어 누르고 흔들어 넘치
도록 하여 너희에게 안겨주리라(눅 6:38).

정말 너무나 간단하고 명료하여 보탤 말이 없습니다. 쌀장수가 단
골에게는 쌀을 됫박에 담아 누릅니다. 더 많이 주기 위해서입니다.
그것도 모자라 됫박을 흔듭니다. 틈새를 메우기 위해서입니다. 그
위에 더 얹습니다. 덤을 더 얹습니다. 그리고는 안겨줍니다. 손이 모
자라 더 가져갈 수도 없게 줍니다. 하나님께서 구제하는 사람들에
게 그렇게 해주십니다.

하나님께서 만물을 창조하시고 "좋다"고 하셨고, 우리를 만드시고
"심히 좋다"고 하셨습니다. '좋다'는 것은 조화롭다는 말에서 유래
하였습니다. '나쁘다'는 말은 '나뿐이다'라는 말에서 유래하였습니
다. 남이 없는 것을 내가 채워주며 조화롭게 살라는 것이 하나님이
이 세상을 창조하신 목적입니다. 그렇게 사는 세상이 좋은 세상입
니다. 베풀며 사는 것이 창조법칙에 따르는 삶이며, 더욱 잘 살게 되
는 것은 너무나 당연합니다.

우리가 해야 할 일은 그 구제의 범위를 조금씩 넓혀나가는 것입니
다. 구제하는 마음으로, 부부는 냉랭했던 서로에게, 가족은 주위 이
웃에게, 직장인은 동료들에게 사랑을 베푸는 것입니다.

그런데 이 일을 할 때 주의할 점이 있습니다.

그러므로 구제할 때에 외식하는 자가 사람에게 영광을 받으려고 회당과 거리에서 하는 것 같이 너희 앞에 나팔을 불지 말라. 진실로 너희에게 이르노니 그들은 자기 상을 이미 받았으니라(마 6:2).

'그러므로' 즉 '하나님께서 서로 도우며 살라고 만드신 세상이므로'라는 뜻입니다. 그래서 사람들의 칭송이나 사람들의 영광을 받으려고 하거나 생색을 내면 제대로 살지 못한다는 말씀입니다.

교회에서 뭔가 좀 베풀었다 싶으면 목회자가 나서서 그 사람을 띄웁니다. 교인들이 경쟁에 돌입합니다. 체면 때문이라도 해야 합니다. 바로 이것이 한국 교회가 힘을 잃는 이유입니다. 예수님께서 금하신 사람들의 영광을 구하고 또 나팔을 불기 때문입니다. 작은 일을 해놓고 칭찬받기를 원하십니까? 바로 그 점이 내 삶에 언제나 짙은 그림자를 드리워 꽃과 열매를 맺지 못하는 결정적인 이유가 됩니다.

예수님께서 말씀하십니다. "나는 사람에게 영광을 취하지 아니하노라"(요 5:41) "너희가 서로 영광을 취하고 유일하신 하나님께로부터 오는 영광은 구하지 아니하니 어찌 나를 믿을 수 있느냐"(요 5:44). 이런 말씀을 예수님이 아니면 누가 할 수 있겠습니까? 이러저리 눈도장 찍기 바쁜 땅에서는 구할 수 없는 말씀입니다. 저도 여러분들로부터 영광을 구하지 않겠습니다. 여러분들도 저에게 눈도장 찍으려는 일을 그만두십시오. 다 쓸 데 없는 몸부림이며, 하나님의 복과 은혜를 무산시키는 일입니다.

예수님께서 또 중요한 말씀을 하십니다. "구제할 때에 오른손이 하는 것을 왼손이 모르게 하여 네 구제함이 은밀하게 하라. 은밀한 중에 보시는 너희 아버지께서 갚으시리라"(마 6:4-5).

어떻게 오른손이 한 일을 내 왼손이 모르겠습니까? 그런데 딱 한 가지 방법이 있습니다. 도울 생각을 하게 하신 분도, 도울 힘을 주신 분도, 남을 돕고도 나를 넉넉하게 하신 분도 모두 하나님임을 아는 것입니다.

먹든지 마시든지, 무슨 일을 할 때도 하나님의 영광을 위하는 마음, 하나님을 향한 무한 감사하는 마음을 가질 때, 나는 더욱 낮아집니다. 나를 높일수록 내 그릇은 작아집니다. 최고로 높이면 아무것도 담을 수 없습니다. 그러나 낮아질수록 내 그릇은 더 커집니다. 그 큰 그릇 안에 더 큰 복을 담아주십니다.

하나님이 기억한다

'탐스 슈즈'라는 글로벌 기업이 있습니다. 창업자는 블레이크 마이코스키입니다. 그는 탐스 슈즈 이전에 모두 다섯 번에 걸쳐 회사를 차렸지만 모두 실패한 전력을 가지고 있습니다.

2006년쯤, 자포자기의 상태로 남미를 여행하던 중 한 자원봉사 팀을 만났습니다. 그들은 가난한 어린이들에게 신발을 나눠주고 있었습니다. 그 어린이들은 맨발로 지내다가 흙속의 기생충에 감염되어 발이 기형이 되는 상피병에 시달리고 있었습니다. 그 광경을 본 블레이크는 생각했습니다. '어린이들에게 신발을 지속적으로 공급할 수는 없을까?' 내내 그 일을 골똘히 생각했습니다. 그리고 그의 머릿속에서 나온 것이 One for One, 일대일 기부 방식입니다. 고객들이 신발을 한 켤레 살 때마다 한 켤레를 가난한 아이들에게 주는 것입니다. 결과는 대성공이었습니다. 그렇게 시작한 탐스 슈즈는 삽시간에 전 세계로 퍼져 나갔고, 5년이 채 지나지 않아 글로벌 기업이 되었습니다. 탐스 슈즈는 광고를 하지 않습니다. 그 대신 기부 과정과 재정을 투명하게 공개했습니다. 그는 이런 말을 하였습니다. "사업은 자신만을 위해 지속될 수 없는 영역입니다. 내 안의 숭고함과 다른 이들의 숭고함이 함께할 때, 그것은 기업을 뛰어 넘어 더불어 살아가는 생명이 됩니다."

더불어 사는 세상, 바로 하나님께서 우리 모두가 살아내기를 그토록 바라셨던 모습입니다. 블레이크 마이코스키가 바로 오늘의 본문 말씀을 사업으로 실현시킨 진정한 하나님의 사람입니다.

청년들에게 당부합니다. 제발 먹고 사는 일에 골몰하지 마시고,

내 안의 숭고함을 개발하는 일에 매진하십시오. 다른 사람을 수단으로 이용하지 말고, 상대방의 숭고함을 드러내는 일에 헌신하십시오. 죽은 것마저 살려내는 하나님의 리더들이 될 것입니다.

사도 바울의 권고대로 "마음을 다하여 주께 하듯 하고 사람에게 하듯 하지 말기"(골 3:23)로 합시다. 주 예수의 이름으로 하고 그를 힘입어 하나님 아버지께 감사하며 살기로 합시다. 하나님께서 백배의 결실로 보상하실 것입니다. 하나님은 절대로 외상을 지지 않으시는 분입니다.

살리는 영성, 죽이는 종교성

너는 기도할 때에 네 골방에
들어가 문을 닫고 은밀한 중에 계신
네 아버지께 기도하라. 은밀한 중에
보시는 네 아버지께서 갚으시리라.
-
마 6 : 5 - 8

언제 내 영이 죽을까요?
언제 내게서 영이 떠날까요?

미 공군 전투기 조종사였던 하워드 러트리지는 베트남전쟁 초기 북 베트남에서 전투기가 추락되어 포로로 잡혔습니다. 전쟁이 끝나기까지 기약도 소망도 없는 긴 시간 동안 비참한 포로 생활을 견뎌내야 했습니다. 당시 포로 생활의 경험을 책으로 출판하기도 하였습니다. 그 책에서 참으로 견디기 어려웠던 나날을 이길 힘의 원천을 다음과 같이 성찰하고 있습니다.

강제로 주어진 이 기나긴 자기 성찰의 기간 동안, 중요한 것과 하찮은 것, 가치 있는 것과 무가치한 것을 구분하기가 훨씬 쉬웠다. 과거에 나는 일요일이면 다른 일을 하거나 노느라 교회에 갈 시간은 없었다. 아내는 교회에 가자고 권유하였지만, 나는 다른 일에 몰두한 나머지, 주일예배와 같이 중요한 것에 관해 생각하는 시간을 낼 수 없었다. 이제는 끔찍한 죽음의 장면과 소리, 냄새가 온통 주위를 가득 채우고 있다. 배가 너무 고팠고 육체의 고통은 참을 수 없이 극심했지만, 영의 양식에 대한 굶주림을 더 심하게 느꼈다.

이제 결코 죽지 않을 그 부분에 대하여, 하나님과 그리스도와 교회에 대하여 얘기하고 싶어졌다. 그러나 이 포로수용소에는 목사님도, 성경도, 찬송가도, 나를 지도하고 보살펴줄 교회도 없었다. 감옥에 갇혀서야 하나님 없는 삶이 얼마나 공허하고 끔찍한 것인지를 깨닫게 되었다.

하워드 러트리지는 그동안 무시해왔던 영혼이 음식보다도, 육체의 안녕보다도 더 중요한 것임을 알게 되었습니다.

그 무엇보다도 영혼의 중요성을 뼈저리게 절감한 그가 시작한 일은 무엇이었을까요? 성경도 교회도 목사도 없는 상황에서 그가 할 수 있는 것이 딱 하나 있었습니다. 그것은 바로 기도입니다. 기도를 통해 그는 그 어떤 교인들보다도 굳건한 믿음을 갖게 되었고, 믿음으로 지옥과 같은 상황을 이겨냈습니다.

영혼은 하나님 아버지와 교통하는 영역입니다. 영혼이 건강할수록 하나님 아버지와 더 긴밀하게 교통하여 땅에서 일어나는 어떤 어려움도 이기게 됩니다. 그러므로 죽은 영혼을 살리는 것이 신앙생활의 출발이요, 그 영혼을 강화시켜 하나님께서 원하는 삶이 무엇인지 올바로 깨닫고 또 그렇게 열심히 사는 것이 신앙생활의 본질입니다. 건강한 영혼을 갖추기 위해서 당연히 영혼에 대한 가장 기본적인 것을 튼튼하게 만들어야 합니다. 건강한 몸을 위해서는 몸에 대해서 바로 알아야 하는 것과 마찬가지입니다. 건강한 몸을 위해서는 무엇보다 적당한 운동과 바른 식습관을 가져야 합니다. 운동은 하지 않고 몸에 좋다는 것을 닥치는 대로 찾아먹다간 돈은 돈대로 쓰고 몸은 몸대로 망가져버립니다.

그와 같은 현상이 교회에서 너무나 흔히 일어나고 있고, 애는 애대로 쓰면서 치유불능의 병든 영혼을 양산해내고 있습니다. 웅장한 예배당과 다양한 예배형식과 헌금과 봉사에도 불구하고 예수님께서 말씀하시는 바리새인과 같은 '외식하는 자'들을 만들어내고 있습니다.

이 외식하는 병이 얼마나 깊은지, 가장 정성스러운 제사와 기도와 율법과 종교행위를 하는 사람들이 오히려 하나님의 아들을 알아보지도 못합니다. 영혼이 병든 백성들은 종교지도자들의 간단한 지시에도 일사분란하게 움직이며, 자신을 구하러 온 그리스도를 십자가에 달고 환호성을 지릅니다. 외식하는 병은 개인은 물론 교회와 사회 모두를 병들게 합니다.

오직 인간에게만 주어지는 것

영혼에 대한 이야기는 성경의 맨 처음 부분, 창세기 첫 부분에 기록되어 있습니다. "하나님이 자기 형상 곧 하나님의 형상대로 사람을 창조하시되"(창 1:27). 영이신 하나님의 형상대로 우리 모두를 창조하셨다는 말씀입니다. 인간은 태초부터 '영적 존재'라는 뜻입니다. 그 구체적인 과정을 성경은 이렇게 설명합니다.

> 여호와 하나님이 땅의 흙으로 사람을 지으시고 생기를 그 코에 불어넣으시니 사람이 생령이 되니라(창 2:7).

여기서 주목해야 하는 것은 '생기生氣'입니다. 생기를 히브리어로 '르아흐_ruah_'라고 하는데 곧 성령을 의미합니다. 그러니까 우리 몸은 흙으로 만드시고, 거기에 하나님의 영을 불어넣으셨습니다. 그러자 우리는 생령the living spirit이 되었습니다. 살아 있는 영, '육체를 가진 영'이 우리의 원래 이름입니다.

여기서 주의해야 할 점이 있습니다. 우리가 흔히 말하는 '영혼'에 대한 것인데, 엄밀히 말하자면 이것은 그냥 '영'입니다. 원래 인간은 영spirit, 혼soul, 육body으로 만들어졌습니다. 그런데 우리나라는 그저 '영혼'이라고 뭉뚱그려 사용하고 있는데, 여기에 사람들이 모르는 깊은 함정이 있습니다.

'영'은 하나님으로부터 온 '어떤 것'입니다. '혼'은 생각하고 느끼는 정신적인 활동을 담당하고, '육'은 눈에 보이는 육체적인 활동을 담당합니다. 그런데 '영혼'이라고 모호하게 사용함으로써 혼란이 일어납니다. 눈으로 볼 수 없는 일들을 모두 신적인 것으로 착각하는 일입니다. 모든 사물 속에는 신령한 기운이 내재되어 있다고 생각하여 숭배하는 일입니다. '영'은 오직 인간에게만 주어진 것입니다. 애완동물을 키우는 사람들은 동물을 보며 '영특'하다는 말을 자주 합니다. 그래서 동물들에게도 영이 있다고 생각하는데 큰 잘못입니다.

1970년경에 스탠퍼드 대학교에서 코코라는 고릴라에게 수화를 가르쳐 400단어 정도를 배워 사람과 대화할 수 있게 하였습니다. 코코는 어린 시절 어미가 죽은 경험을 수화로 정확하게 설명하며 슬퍼했고, 애완동물로 키우던 고양이가 죽자 그 아픔을 말할 정도로 똑똑했습니다.

그런 코코에게 "너는 하나님이 창조하셨다"고 말하자 코코가 "하나님이 누구냐"고 묻습니다. 코코가 아는 단어들을 조합하여 열심히 설명해도 결코 알아들을 수 없습니다. 동물들은 눈에 보이지 않는 존재는 생각하지 못하기 때문입니다. 코코는 서너 살 아이 정도의 지능을 갖고 있는데, 이 정도 나이의 어린아이들 중에는 하나님의 존재를 어렴풋이 깨닫는 아이도 있습니다. 바로 인간에게만 주신 '영' 때문입니다.

하나님께서 살아 계심이 믿어지십니까? 내 영이 살아 있다는 증거입니다. 예수님께서 하나님의 아들이며, 그분께서 가르치는 말씀이 믿어지지 않으십니까? 내 영이 죽었다는 증거입니다. 정확히 말하자면 하나님께서 주신 영이 내게서 떠났다는 뜻입니다.

언제 내 영이 죽을까요? 언제 내게서 영이 떠날까요?

그분과 더불어 살기

성경은 문학적인 표현으로 이렇게 설명합니다. "하나님의 아들들이 사람의 딸들의 아름다움을 보고 자기들이 좋아하는 모든 여자를 아내를 삼는지라. 여호와께서 이르시되 나의 신이 영원히 사람과 함께 하지 아니하리니, 이는 그들이 육신이 됨이라. 그러나 그들의 날은 백이십 년이 되리라 하시니라"(창 6:2-3).

'하나님의 아들'이란, 생령으로서 영적 존재인 하나님의 자녀들을 의미합니다. 이들이 '사람의 딸의 아름다움'을 보았다는 것은 그저 눈에 드러나는 겉모습에 현혹되었다는 뜻이고, '아내로 삼았다'는 것은 '한 몸이 되었다'는 뜻입니다. 즉 사람들이 영이신 하나님과 교통하지 아니하고 겉으로 드러나는 물질에 눈이 팔려 정신을 차리지 못하였습니다. 그러자 하나님의 신, 성령이 사람 안에 거할 곳을 찾지 못하고 떠날 수밖에 없게 되었습니다. 그 결과 하나님으로부터 온 '르아흐'는 사라지고 그저 '살덩어리'밖에 남지 않게 되었고, 우리의 이름이 '생령'에서 '육체'로 바뀌어버렸습니다.

그런 인간을 당장 없애야 마땅하지만, 그러나 여전히 인간을 사랑하시는 하나님께서 그 육체가 120년은 살게 허락하셨습니다. 그런데 인간은 120년 동안 잃어버린 영을 찾을 생각은 하지 못한 채, 무너져가는 육체에 아등바등 집착하는 가련한 거지 신세, 이 살덩어리를 남보다 더 잘 보존한답시고 제사장이라는 사람을 하나님처럼 섬기고 바위에도 절하고 개구리도 숭배하는, 딱하기 그지없는 노예 신세로 전락해버렸습니다.

어떻게 하면 영이 되돌아오고, 또 건강해질 수 있을까요? 표현을 달리 하면, 어떻게 하면 믿음이 생기고, 굳건한 믿음이 될 수 있을까라는 질문입니다.

사도 바울이 가르쳐줍니다. "그러므로 믿음은 들음에서 나며 들음은 그리스도의 말씀으로 말미암았느니라"(롬 10:17).

하나님의 말씀을 자꾸 듣습니다. 고개가 끄덕여지십니까? 믿음이 생긴 것입니다. 어쩌면 더 이전에 믿음이 생겼는지도 모릅니다. 하나님을 알기 전에 이미 "인생은 이런 것이 아닐 거야. 이렇게 사는 것이 아닐 거야. 누구에게 내 삶을 의지할 수 있을까?" 하는 갈급한 마음을 가졌다면 이미 믿음이 있다고 할 수 있습니다. 하워드 러트리지가 그랬습니다. "아, 아내가 그토록 가자고 했던 교회에서 이 갈급함을 채울 수 있었겠구나." 그 말 한마디로 그의 안에는 영이 되돌아오고 있었고 믿음이 생기기 시작한 것입니다.

이것이 기독교의 시작입니다. 이것이 곧 "영접하는 자 곧 그 이름을 믿는 자들에게는 하나님의 자녀가 되는 권세를 주셨다"(요 1:12)는 말씀이 이루어진 것인데, 하나님의 자녀가 되는 '권세를 주셨다'는 것보다는 '권세가 회복되었다'는 표현이 더 정확합니다. 영이 돌아오는 일, 믿음이 생기는 일은 '순식간'에 이루어집니다. 왜냐하면 하나님께서 너무나 원하고 바라는 일이기 때문입니다.

> 볼지어다. 내가 문 밖에 서서 두드리노니 누구든지 내 음성을 듣고 문을 열면 내가 그에게로 들어가 그로 더불어 먹고 그는 나로 더불어 먹으리라(계 3:20).

이제 남은 일은 예수님과 더불어 먹고 함께 사는 일입니다. 이것이 곧 내게 임한 영을 강화시키는 일이며 곧 믿음을 굳건하게 하는 일입니다.

절대로 잊지 마십시오. 예수님과 더불어 먹고 함께 살 때만 영이 건강해지고 믿음이 굳건해집니다. 그러므로 먼저 분명히 해야 할 것이 있습니다. '영성靈性'과 '종교성宗敎性'을 구분하는 일입니다.

삶에서 실천하는 거룩함

영과 혼과 육은 모두 하나님의 선물로서 서로 연결되어 있습니다. 예수님은 사람들의 삶, 가장 깊고 낮은 곳까지 스스럼없이 내려가셨습니다. 창녀와 세리와 정신이 온전치 못한 사람, 가난한 사람과 허물 없이 먹고 마시며 어울리셨습니다. 홀로 기도하러 제자들을 물리신 날도 있었지만 일상의 삶과 전혀 유리되지 않았습니다. 예수님께서는 우리가 추구해야 하는 영성이 무엇인지 온몸으로 보여주셨습니다. '영성'은 일상의 삶에서 추구하는 '살아 있는 거룩함'입니다. 나와 남을 살리고 새롭게 하는 '창조적 영성'입니다.

반면 바리새인들은 '종교성'을 추구하였습니다. 세상과 육체를 더러운 것으로 보고, 천하고 낮은 것은 멀리하고 각종 복잡한 종교 계율을 철저히 지키며 세상과는 거리를 두었습니다. 세속과 거리를 두면 둘수록 훌륭한 바리새인이 된다고, 그렇게 해야 하나님께 복을 많이 받게 된다고 굳게 믿었습니다. '바리새'라는 명칭은 '거룩함을 추구하는 구별된 사람'이라는 뜻입니다. 그러나 그들이 추구한 것은 일상을 떠난 '죽은 종교성'입니다. '경건의 모양은 있으나 능력을 상실한'(딤후 3:5) 종교성입니다.

한 문둥병자가 있습니다. 예수님께서는 불쌍히 여기시고 그를 살리러 가까이 가지만, 바리새인들은 하나님의 천벌을 받은 더러운 자라고 한 걸음 더 물러나 그에게 돌을 던졌습니다. 예수님도, 바리새인들도 '거룩함'을 추구하였는데, 전혀 반대의 행동이 나온 것입니다. 예수님은 '생명의 영성'을, 바리새인들은 '죽은 종교성'을 추구한 것입니다.

사도 바울이 말합니다. "만일 의롭게 되는 것이 율법으로 말미암으면 그리스도께서 헛되이 죽으셨느니라"(갈 2:21). 신앙생활이 종교성을 강화시키는 일로 변질된다면 예수님의 십자가 죽음은 헛될 수밖에 없습니다.

요즘은 신종 율법이 생겼지요. 바리새인들의 율법대신 목사들이 만든 새 율법을 철저히 지켜야 하나님의 복을 받을 수 있다는 것입니다. 세상을 멀리 하고 교회에서 살라고 합니다. 교회와 세상과의 장벽은 점점 높아집니다. 소위 잘 믿는다는 사람들이나 신령한 목사들은 자신을 점점 높입니다. "나는 너희들과 달라"라는 태도로 세상과 사람들은 대하는 것입니다.

회당과 큰 거리에서 소리 높여 기도하는 바리새인들처럼, 오늘날 교회에서도 그와 같은 사람들이 많습니다. "나는 기도하는 사람이야.

너희들과는 차원이 달라!" 소리칩니다. 기도하면 하나님께서 뭐든지 보여주신다고 암암리에 선전하며 교묘히 사람들을 모읍니다. 소위 '기도하는 사람'이라는 신종 기독교 무당들이 점점 많아집니다. "아, 저 분은 신령한 분이야. 예언에 능통하신 분이래" 하고 사람들이 몰려듭니다. 종교적으로 탁월한 사람이라 드높입니다. 기적이나 입신이나 방언과 같은 기이한 현상들이 강조됩니다. 이 모두 종교성을 추구하기 때문입니다.

예수님을 생각해보십시오. 단 한 번도 그렇게 하신 적이 없습니다. 몰려드는 사람들을 오히려 피하여 한적한 곳으로 가셨고, 그들에게 말씀하십니다. "너희가 나를 찾는 것은 표적을 본 까닭이 아니요 떡을 먹고 배부른 까닭이로다. 썩을 양식을 위하여 일하지 말고 영생하도록 있는 양식을 위하여 하라"(요 6:26-27).

그들의 귀가 번쩍 뜨입니다. "아니 뭐라고? 영생하도록 먹는 양식이라고? 그것을 어떻게 얻을 수 있습니까?" 예수님께서 얼마나 기가 막히셨을까요? 생각하면 마음이 미어집니다. 그들은 온통 영원히 먹을 양식, 부귀영화와 만사형통에 몰두할 뿐입니다.

종교성 추구의 무서운 오류를 명심해야 합니다. 영성 대신 종교성을 추구할 때, 예배는 무당굿이 되고, 기도는 주문이 되고, 헌금은 복채로 전락해버립니다. 목사는 무당이 되고 교인들은 영적 의존증에 빠진 '병신도'들로 전락합니다. 몸으로 비유하자면, 영성 강화는 운동과 적절한 식사요 종교성 강화는 몸에 좋다는 음식만 찾아 먹는 일입니다.

기도 열심히 한다는 이유로 하나님이 어여삐 여겨 조종사 하워드를 살려주신 것이 아닙니다. 기도의 보상으로 살려주신 것이 절대로 아닙니다. 기도로 영이 튼튼해진 하워드는 힘든 고난을 이겨낸 것입니다. 설사 그가 죽었다고 해도 영생하는 그의 영이 살았음으로 그는 하나님께 한 걸음으로 달려갔을 것입니다.

기도, 누구보다 열심히 해야 합니다. 차가 막혀도, 화가 치밀어도, 낙담하여도, 기뻐도, 언제나 일상에서 기도해야 합니다. 우리는 어리석고 연약한 존재, 언제나 하나님으로부터 은혜와 지혜와 능력과 위로를 구해야 합니다. 대표기도도 잘하셔야 합니다. 목사가 설교를 준비하듯 하나님께 간구하며 최선을 다해 신령과 진정으로 준비하셔야 합니다. 중언부언해서는 안 됩니다. 예배에도 목숨 걸어야 합니다. 예배는 영원하신 하나님과 친밀해지는 그 어떤 시간보다 중요하기 때문입니다. 일상의 삶이 '하나님께 가까이 가는' 예배가 되어야 합니다.

그리고 듣고 느끼고 배운 바를 일상의 삶에서 열심히 실천해야 합니다. 그리할 때, 내 삶의 모든 것이 바로 잡힐 것입니다. 풍성해질 것입니다. 삶에서 찬란한 하나님의 영광이 드러날 것입니다. 마침내 나는 당당한 하나님의 자녀요, 하나님의 제사장이요 봉사자로 거듭날 것입니다.

일어나라, 빛을 발하라. 이는 네 빛이 이르렀고 여호와의 영광이 네 위
에 임하였음이니라"(사 60:1).

12

은밀히
보시는
하나님

너는 금식할 때에 머리에 기름을 바르고 얼굴을 씻으라.
이는 금식하는 자로 사람에게 보이지 않고
오직 은밀한 중에 계신 네 아버지께 보이게 하려 함이라.
은밀한 중에 보시는 네 아버지께서 갚으시리라.

-

마 6 : 1 6 - 1 8

우리에게 원하시는 것은 무엇일까요?
주기도문에 그 해답이 있습니다.

어느 목사가 목회하던 교회에 큰 어려움이 닥쳤습니다. 어려움의 원인은 여러 가지가 있겠지만, 주로 목사의 잘못된 리더십과 석연찮은 개인사로 인한 것이었습니다. 일은 점점 꼬여만 가고 고민은 커졌습니다. 그러던 중, 목사는 아픈 마음을 하나님께 가져가며 금식기도에 들어갔습니다. 하루 이틀이 지나고, 한 주가 지났습니다. 두 주가 지났습니다. 떠들던 교인들이 입을 닫기 시작했습니다. 그리고 교회 일각에서 목사님과 교회를 위한 기도가 시작되었고, 목사님의 금식에 동참하는 사람들이 하나둘 생기기 시작했고, 거짓말처럼 교회가 조용해졌습니다.

이사야 선지자가 하나님의 말씀을 이렇게 전합니다. "내가 기뻐하는 금식은 흉악의 결박을 풀어주며 멍에의 줄을 끌러주며 압제 당하는 자를 자유하게 하며 모든 멍에를 꺾는 것이 아니겠느냐"(사

58:6). 정말 이사야서 말씀대로 금식으로 교회의 흉악한 결박과 목사 개인의 멍에의 줄이 풀렸습니다.

그런데 이후, 목사는 교회에 좀 어려운 일만 생기면 금식기도에 들어갔습니다. 사나흘, 일주일 등 그 기간은 다양했습니다. 그런데 이상한 일이 벌어졌습니다. 목사의 금식기도 횟수가 많아지는데도 교회 문제는 점점 더 해결되지 않았고, 교인들은 하나둘 교회를 떠났습니다. 하나님께서 약속을 저버리신 것일까요? 금식기도의 약발이 떨어진 것일까요? 무엇이 문제일까요?

얼마 전 새로 개업한 동창의 사무실을 찾아갔습니다. 그런데 눈길을 확 잡아당기는 것이 있었습니다. 벽 한가운데 실타래로 묶은 북어였습니다. 여기저기 부적들도 눈에 들어왔습니다. 저의 말도 잘 듣는 친한 친구라 저는 단호하게 치우라고 말했습니다. 저런 것들은 아무 효력도 없을뿐더러 오히려 사업에 방해가 된다고 하였습니다. 그러자 친구는 북어와 부적을 떼어냈습니다.

두 사람의 행동에는 공통점이 있습니다. 무엇일까요?

은밀한 중에 보시는 하나님

그것은 땅에 사는 사람들이 눈에 보이지 않는 신적 존재-하나님이든 귀신이든-를 움직여보겠다는 의도입니다.

종교의 기원은 무력한 인간으로부터 출발합니다. 원시인들을 생각해봅시다. 나무막대기 하나 들고 사는 자신들은 굶주림과 추위, 주변의 위협으로부터 살아남기에 무력하다는 것을 압니다. 예측할 수 없는 일들이 많이 일어나는데 이골이 난 인간은 동물과 달리 눈에 보이지 않는 힘을 감지할 수 있는 능력을 가졌습니다. 그렇게 해서 신이라는 개념이 생겼고 신을 달래거나 기원하여 자신의 안전을 도모하려고 했지요. 그것이 종교의 시작입니다. 모든 종교에는 신을 모시는 다양한 방법이 있게 마련입니다. 그 방법들은 대개 세 범주로 분류할 수 있습니다.

첫째는 구제나 헌금과 같이 베푸는 것(대표적인 것이 불교에서의 적선 積善이나 복전福田과 같은 것입니다), 둘째는 신에게 올리는 기도문이나 악귀를 몰아내는 주문과 같은 발원, 셋째는 금식 등과 같은 고행입니다. 이러한 것들을 계율이나 율법으로 만들고, 그 계율을 열심히 잘 지키면 섬기는 신이 어여삐 여겨 복을 내려주고 죽어서는 천국이나 극락과 같은 좋은 곳으로 데려간다고 믿습니다. 그래서 모든 종교에서는 구제와 기도와 금식과 같은 것을 열심히 합니다. 가장 열심히 행했던 대표주자들이 바로 바리새인들입니다.

그런데 아이러니하게도 예수님으로부터 가장 무서운 책망을 들은 사람이 바로 바리새인들입니다. 바리새인들이 들은 가장 무서운 책망은 "화 있을진저 외식하는 서기관들과 바리새인들이여, 너희는 천국 문을 사람들 앞에서 닫고 너희도 들어가지 않고 들어가려 하는 자도 들어가지 못하게 하는도다"(마 23:13)입니다. 또 예수님은 백성들을 가르치는 서기관들과 바리새인들을 소경이 소경을 인도하는 것과 같다고 하셨습니다. 이런 지적은 그래도 나은 것입니다.

예수님께서 말씀하십니다. "화 있을진저 외식하는 서기관과 바리새인들이여, 너희는 교인 한 사람을 얻기 위하여 바다와 육지를 두루 다니다가 생기면 너희보다 배나 더 지옥 자식이 되게 하는도다"(마 23:15).

예수님의 이 무서운 지적들은, 그들은 잘못 가르치고 있으며, 엉뚱한 방향으로 인도하여 애는 애대로 쓰면서 지옥에 빠뜨리고 있다는 것입니다. 심각한 일이 아닐 수 없습니다. 그러므로 교회에서 행하고 있는 여러 종교행위들에 대하여 진지하게 검토 반성하여야 합니다. 그 본질을 회복해야 합니다. 구제와 기도와 금식을 가르치면서 예수님께서는 세 가지 똑같은 말을 반복하고 계십니다.

첫째는 "옛 사람은 그렇게 하라고 하였으나, 너희는 이렇게 하여야 한다"는 말씀입니다. 그러니까 옛 방식은 본래의 목적과 본질에서 벗어나 오용되고 남용된다는 것입니다. 예수님의 가르침대로 해야 한다는 것입니다.

또 하나가 더 있습니다. "은밀한 중에 보시는 하나님 아버지께서 갚으신다"는 말씀입니다. 구제에 대해서 가르치실 때도 "네 구제함을 은밀하게 하라. 은밀한 중에 보시는 너의 아버지가 갚으시리라"(마 6:4). 기도에 대해서 가르치실 때도 "너는 기도할 때에 네 골방에 들어가 문을 닫고 은밀한 중에 계신 네 아버지께 기도하라. 은밀한 중에 보시는 네 아버지께서 갚으시리라"(마 6:6).

금식에 대해서 가르치실 때도 "나는 금식할 때에 머리에 기름을 바르고 얼굴을 씻으라. 이는 금식하는 자로 사람에게 보이지 않고 오직 은밀한 중에 계신 네 아버지께 보이게 하려 함이라. 은밀한 중에 보시는 네 아버지께서 갚으시리라"(마 6:17-18)고 하셨습니다.

'은밀한 중에 보시는 하나님'이란, 내가 무슨 마음을 먹고 그렇게 하는지, 무슨 의도로 그렇게 하는지 하나님께서는 다 아신다는 것입니다. 우리는 하나님께 얼마든지 구해도 됩니다. 하지만 하나님께서는 그것을 왜 그토록 구하는지 다 아신다는 것입니다.

예수님께서 반복하시는 말씀이 하나 더 있습니다. "저희는 자기 상을 이미 받았느니라"는 말씀입니다. 구제와 기도와 금식을 많은 사람들 앞에서 거리에서 교회에서 나팔을 불며 행하면 자기 상을 이미 받은 것이며, 자기 상을 이미 받았다는 것은 그렇게 아무리 열심히 해도 보상이나 효력이 없다는 뜻입니다. 하나님께서 절대로 응답하지 않으신다는 뜻입니다.

아무리 구제를 열심히 하고, 밤새도록 부르짖어 기도하고 40일

동안 금식하고, 넘치는 헌금을 하더라도 남에게 보이려고 한다면 아무 소용이 없고, 나아가서는 바리새인처럼 된다는 것입니다. 바리새인처럼 된다는 뜻은 정말 무서운 것입니다. 예수님이 바로 잡아주신 것을 오늘날 교회가 또 다시 뒤집고 있는 것입니다.

그렇다면 예수님이 우리에게 원하는 것은 무엇일까요? 그 원하시는 바가 주님께서 가르쳐주신 기도문에 고스란히 담겨 있습니다.

주가 가르쳐주신 기도

"우리 아버지의 이름이 거룩히 여김을 받으시오며" 내 이름이 아니라, 하나님의 이름을 높이라 하셨습니다. 하나님과 남들의 눈도장을 찍으려는 모든 종교행위는 하나님을 높이는 것이 아니라, 나를 높이려는 헛된 몸부림입니다.

"하나님나라가 임하옵시며" 내 나라가 굳건해지는 것이 아니라, 하나님나라가 내 삶 가운데 이루어지는 것입니다. 내가 행하는 기도의 내용들을 점검해보십시오.

"하늘에서도 이룬 것 같이 땅에서도 이루어지이다." 내 뜻이 아니라, 하나님의 뜻이 이루어지기를 기도해야 합니다.

예수님께서 원하시는 것은, 하나님을 어떻게든지 움직여 내 소원이 이루어지는 것이 아니라, 내가 하나님의 뜻대로 변화되는 것입니다. 그리스도의 장성한 분량에까지 이르는 '거룩한 성숙'과 하나님의 뜻을 어떤 상황에서도 이루는 '순전한 복종'이 예수님께서 원하시는 것입니다.

흉악의 결박과 멍에의 줄을 끊어준다는 금식에 대해 이사야 선지자는 이렇게 부연 설명합니다. "만일 네가 너희 중에서 멍에와 손가락질과 허망한 말을 제하여 버리고 주린 자에게 네 심정이 동하며 괴로워하는 자의 마음을 만족하게 하면 네 빛이 흑암 중에서 떠올라 네 어둠이 낮과 같이 될 것이며 여호와가 너를 항상 인도하여 메마른 곳에서도 네 영혼을 만족하게 하며, 너는 물 댄 동산 같겠고 물이 끊어지지 아니하는 샘 같을 것이라"(사 58:9-11).

금식은 하나님이나 사람들을 조종하는 종교의식이 절대로 아닙니다. 하나님 앞에서 내 육체를 비워 하나님의 뜻을 온전하게 깨닫는 정결 의식입니다. 나를 얽매고 있는 욕심의 멍에를 풀어내고, 남을 조종하여 내 뜻을 관철시키려는 헛된 마음과 허망한 말을 끊어내며, 길 잃은 영혼, 불쌍한 영혼을 살리는 하나님의 사람이 되리라 결단하는 것이 바로 금식을 제정해주신 하나님의 뜻입니다.

그렇다고 머리에 기름을 바르고 남들이 전혀 눈치 채지 않도록 하는 금식만이 효력 있다고 생각하면 큰 오산입니다. 기도 자체에, 금식 자체에 효력이 있는 것이 아닙니다. 기도가 하나님과의 일상의 대화라면, 금식은 하나님과의 특별한 만남, 더 긴밀한 교통의 시간입니다. 능력은 오직 하나님께로부터 옵니다. 능력의 원천이신 하나님과 가장 가까워지는 시간, 그래서 내가 무엇을 잘못하고 있는지, 하나님께서 내게 무엇을 원하고 있는지 깨닫는 시간이 바로 금식입니다.

진정으로 회개하고 되돌아서면, 내 욕심을 끊어내고 온전히 하나님의 뜻에 순종하고 가르침을 실천한다면, 비록 내 일이 풀리지 않고 나는 여전히 부족하다고 할지라도 하나님나라에 이미 들어간 것입니다.

교만한 나를 깎으사

하나님나라에 들어가면 인간의 논리나 상상을 초월하는 일들이 일어납니다.

어느 교회의 성가대는 실력이 그리 좋지 않았습니다. 그래도 교인들은 성가대의 찬양을 들어주었습니다. 예배에 성가대가 당연히 있어야 한다고 생각하기 때문입니다. 몇 년이 지나도 소리는 나아지지 않았습니다. 시간이 지날수록 나쁜 습관들은 고착화되었습니다. 새로운 성가대 지휘자가 부임하였습니다. 새 지휘자는 대원들이 버리고 고쳐야 할 일과 해야만 하는 일들을 조용히 가르치기 시작하였습니다. 어느 날부터인가 소리가 달라지기 시작하였습니다. 똑같은 사람들이 부르지만 새로운 음악이 탄생한 것입니다. 대원들은 자신들이 무엇을 하고 있는지 알게 되었고, 더 나은 소리를 내는 법을 배웠습니다. 똑같은 사람들의 새로운 성가에 교인들이 감동하기 시작했고, 대원들도 더욱 열심히 신나게 노래를 불렀습니다.

수십 년 동안 신앙생활을 했는데도 자녀들은 달라지지 않고 나쁜 일들이 더욱 많이 일어납니다. 전도, 봉사, 헌금, 새벽기도, 일천번제, 구제, 금식을 게을리 했기 때문이 아닙니다. 예수님 가르침의 본질을 회복하지 않았고 바리새인들처럼 했기 때문입니다.

마치 이런 모습은, 잘못된 코치의 말을 듣고 있는 축구선수와 같습니다. 동네 축구에만 열중하고, 더 나은 실력을 위해 훈련받기 보다는 초호화 라커룸을 달라, 개인 축구장을 마련해달라, 고급 유니폼을 제작해달라 졸라대는 꼴입니다. 의욕만 있다고 좋은 선수가 되는 것이 아닙니다. 훈련은 소홀히 하면서 자신을 알아주지 않는다고 화를 내는 사람들이 교회에 너무나 많습니다. 관객을 끌어 모으고 기분 좋게 한다고 좋은 선수가 되는 것이 아닙니다. 좋은 선수가 되기 위해서는 훈련해야 합니다. 나쁜 습관을 버리고 강한 체력과 좋은 기술을 습득해야 합니다. 각종 경기, 나아가서는 월드컵에서 서로 협력하여 골을 넣어야 하고 승리해야 합니다. 마음에 새기십시오. 감독은 목사가 아니라 예수님이십니다. 운동장은 교회가 아니라 세상입니다.

"나는 안 돼" 체념하는 사람에게 예수님께서 "복이 있다. 너는 빛이고 소금이다. 얼마든지 해낼 수 있다"고 하십니다. 그리고 있는 그대로 내 모습을 받아들이시면서 내가 지향해야 하는 방향과 구체적인 훈련 방법을 가르쳐주십니다. 따라하려고 애를 쓰는 나를 어여삐 보시며 격려하시고 능력과 용기와 힘을 주십니다. 나는 더욱 잘하려고 합니다. 새로운 기회도 열어주십니다. 나는 성공을 경험합니다. 신이 납니다. 실패할 때도 있습니다. 그러나 좌절하지 않습니다. 예수님의 말씀에 비추어 나를 교정하고 전진합니다. 나를 당당하게 키워주신 예수님께 감사하며 더욱 열심히 신나게 살아갑니다. 그것이 인생입니다.

은밀히 보시는 하나님은 내 중심을 보시는 하나님이십니다. 내 중심을 보신다고 해서 감시만 하는 것이 아닙니다. 내게 정말 필요한 것이 무엇인지 넘치도록 공급하시고, 내 잘못을 친절히 교정해주시고, 영원한 평강으로 인도해주십니다.

은혜와 진리의 하나님은 나를 자만하게 하지 않으면서 칭찬해주시고, 깎아내리지 않으면서 겸손하게 만드십니다. 하나님의 작품으로 만들어주십니다. 이사야 선지자가 금식에 대한 결론을 다음과 같이 내립니다.

그리하면 네 빛이 새벽같이 비칠 것이며 네 치유가 급속할 것이며, 네
공의가 네 앞에 행하고 여호와의 영광이 네 뒤에 호위하리니, 네가 부
를 때에는 여호와가 응답하겠고, 네가 부르짖을 때에는 내가 여기 있
다 하리라(사 58:8-9).

엄청난 말씀입니다. 하나님의 찬란한 영광이 먼지만도 못한 내 뒤
에서 호위하는 것을 상상해보십시오. 이 복을 누리기 위해서 40일
금식하라는 말씀이 아닙니다. 절제를 통해서 깨끗해진 내 영이 하
나님의 영과 연결되어 하나님의 뜻을 온전히 깨닫고, 만난萬難을 이
기며 살아갈 때, 내 삶은 더욱 밝은 빛을 발하게 될 것입니다.

내게 있는 빛은 얼마나 밝은가

오직 너희를 위하여 보물을 하늘에 쌓아두라.
거기는 좀이나 동록이 해하지 못하며 도둑이
구멍을 뚫지도 못하고 도둑질도 못하느니라.
네 보물 있는 그 곳에는 네 마음도 있느니라.
-
마 6:19-24

내 눈은 무엇을 보고 있습니까?
하나님입니까, 부귀영화입니까?

신앙생활을 열심히 하는 60대 부부 앞에 천사
가 나타나 소원을 한 가지씩 들어주겠다고 말했
습니다. "아이고 좋아라. 드디어 하나님께서 우
리에게 응답하시는구나!" 할머니가 먼저 말했습니다. "세
계일주하고 싶어요." 천사가 그 소원을 들어주겠다고 했습니다.

할아버지 차례가 되었습니다. 할아버지는 하나밖에 없는 소원에
욕심을 내기 시작해 선뜻 대답을 할 수 없었습니다. 그러다 할머니
를 쳐다보니, 할머니가 너무 늙고 초라해 보였습니다. 오랜 고민 끝
에 속사포처럼 말했습니다. "나보다 서른 살 젊은 여자와 세계일주
하고 싶어요!" 천사는 소원을 들어주겠다는 말과 함께 사라졌습니
다. 할머니 앞에는 갑자기 30년 늙어버린 할아버지와, 세상 어디든
갈 수 있는 패키지 상품권 두 장이 선물로 주어졌습니다. 욕심을 따
라 구하지 말라는 성경말씀을 할아버지가 잊은 것입니다.

누구에게나 꼭 이루고픈 소원들이 있습니다. 고3 학생들은 좋은 대학에 들어가는 것이고, 대학 졸업생들은 취업하는 것이고, 몸이 아픈 사람들은 병이 낫는 일이겠지요. 돈 걱정 없이 살아봤으면 하는 사람들도 있고, 화목한 가정을 이루는 것이 소원인 사람들도 있을 겁니다. 그 소원들을 이루기 위해 열심히 살아갑니다.

그런데 내 소원들이 다 이루어진다면 나는 정말 행복할까요? 아닙니다. 소원이 이루어지고 나면 곧 다른 소원을 바랄 것입니다. 이렇듯 크고 작은 소원들을 쫓다가 대부분의 인생은 끝이 납니다.

교인들이 원하는 바는, 세상에서는 남부럽지 않게 잘살다가 천국에 가는 것입니다. 그래서 세상에서는 어떻게 해서든지 돈을 많이 벌려고 하고, 교회에 다니며 신앙생활도 열심히 합니다. 그런데 이 생각 자체에 깊고 깊은 수렁이 있음을 알지 못합니다.

예수님은 산상수훈을 통해 우리의 '생각 없는 막연한 믿음'들을 무너뜨리고 계십니다. 예수님께서 "오직 너희를 위하여 보물을 하늘에 쌓아두라. 거기는 좀이나 동록이 해하지 못하며 도둑이 구멍을 뚫지도 못하고 도둑질도 못하느니라"(마 6:20)고 말씀하십니다.

그런데 우리는 "하늘에 보물을 쌓는 일은 교회 일을 열심히 하는 것"이라고 배웁니다. 전도, 봉사, 헌금, 예배 등을 열심히 하면 천국에 갈 수 있다고 말입니다. 거기다 세상의 형통이 보너스로 주어진다고 말입니다. 그 가르침들이 과연 옳은 것일까요?

나의 치성을 보일 것인가

이에 대한 예수님의 말씀입니다.

화 있을진저 외식하는 서기관들과 바리새인들이여, 너희가 박하와 회
향과 근채의 십일조는 드리되 율법의 더 중한 바 정의와 긍휼과 믿음
은 버렸도다. 그러나 이것도 행하고 저것도 버리지 말아야 할지니라
(마 23:23).

소득의 십일조를 열심히 내면서 종교생활에 충실하여 하나님의
복을 받아보겠다는 생각 외에는 다른 관심이 없는 것을 비판하신
것입니다. 예수님께서는 정의와 긍휼과 믿음을 십일조 헌금보다 더
중요하다고 하십니다. 두 가지 모두 열심히 행해야 한다고 분명히
하십니다.

예수님의 말씀을 잘 들어보면, 우리가 배웠던 것이나 잘한다고 생
각한 것 모두 문제가 많다는 것을 알게 됩니다. 우리는 지금 예수님
의 산상수훈에 대해서 알아가고 있습니다. 이 가르침들을 단순한
교훈으로, 또 죽어서 천국에 가는 길로 생각해서는 절대로 안 됩니
다. 예수님은 산상수훈의 결론을 이렇게 내리십니다.

그러므로 누구든지 나의 이 말을 듣고 행하는 자는 그 집을 반석 위에 지은 지혜로운 사람 같으리니, 비가 내리고 창수가 나고 바람이 불어 그 집에 부딪치되 무너지지 아니하나니, 이는 주추를 반석 위에 놓은 까닭이요. 나의 이 말을 듣고 행하지 아니하는 자는 그 집을 모래 위에 지은 어리석은 사람 같으니 비가 내리고 창수가 나고 바람이 불어 그 집에 부딪치매 무너져 그 무너짐이 심하니라(마 7:24-27).

산상수훈의 가르침은, 내가 하나님의 자녀로서 이 땅에서는 어떤 난관에도 흔들리지 않고 나아가서는 풍성한 삶을 누리다가 그 삶이 영원한 하나님나라에까지 이어져 완성되는 가장 중요한; 유일한 길임을 명심해야 합니다.

자, 이런 것입니다. 모든 인간은 하나님의 자녀입니다. 하나님께서는 자녀를 위해 온 우주와 아름다운 지구를 만들어주셨습니다. 지구의 축이 기울어져 있어서 사계절이 생기고 바람과 해류를 통해 순환하며, 균일하지 않으므로 산과 강과 골짜기와 열대 우림과 사막 등 다양한 자연환경이 생겼습니다. 물론 그 과정에서 태풍이나 지진과 같은 자연 재해가 일어나기도 합니다. 모두 지구를 보다 안전하고 쾌적하고 다양한 장소로 유지하기 위한 하나님의 창조 법칙에 의한 것입니다.

부모라면 누구나 그렇듯이 자녀가 행복하게 살기를 바랍니다. 그런데 하나님이 우리 부모라는 것을 모릅니다. 자연재해나 어려움이 생깁니다. 그런 재난 등을 피하고 무병장수 부귀영화를 누리고 싶습니다. 그래서 신을 만들어 섬깁니다. 치성을 드려 잘 보여 복을 받으려고 합니다. 여호와 하나님도 그런 식으로 섬깁니다. 그것이 가장 큰 잘못입니다.

내 마음의 1등은 무엇인가

요즘 교회에서 가르치고 있는 두 가지 크나큰 오류가 있습니다.

첫째는 여호와 하나님을 아버지가 아닌, 옆집에 사는 부자 아저씨로 섬기게 한다는 것입니다. 나와는 아무런 상관이 없는 옆집 아저씨에게 뭔가를 얻으려면 잘 보여야 합니다. 아침저녁으로 문안 인사드리고 일이 생기면 쏜살같이 달려가 도와야 합니다. 그리고 이 아저씨가 얼마나 대단한 존재인지를 알리고 다른 사람들을 끌어 모아 집안일을 돕도록 만듭니다. 그리고는 이제나 저제나 아저씨 지갑이 열리기를, 재산 한 뭉텅이 떼어주기를 기다립니다. 그런데 그저 푼돈이나 던져줍니다. 그것도 감지덕지, 아저씨가 은혜를 베풀었다고 동네방네 소문을 냅니다. 이것이 소위 간증입니다.

둘째는 여호와 하나님이 부모인 줄은 압니다. 그런데 사랑하지는 않습니다. 그래서 각자 살길을 찾아 떠나 살아가면서 복이나 내려주시기를 기다립니다.

시골 부모님 땅값이 천정부지로 올랐습니다. 그러자 도시에 살던 자녀들이 바빠지기 시작했습니다. 그 전에는 갖은 핑계를 대고 일년에 한두 번으로 끝냈던 방문이 주말마다 이어집니다. 요리조리 부모님의 눈치를 살피고, 다른 형제들과 피나는 암투를 벌입니다. 그 모양을 보면서 부모님의 마음은 어떻겠습니까? 제대로 된 부모라면 아무것도 주고 싶지 않을 것입니다.

여호와 하나님은 누구보다 제대로 된 숨겨놓은 중심까지도 꿰뚫고 보시는 참 부모님입니다. 이런 신앙의 행태는 하나님의 당당한 자녀들을 요리조리 눈치나 보는 거지로 만듭니다. 애는 애대로 쓰면서 그 마음은 비참해지고 황폐해지고 그 삶은 초라해집니다. 그래서 예수님은 이렇게 결론을 내리십니다. "네 보물이 있는 그 곳에는 네 마음도 있느니라"(마 6:19).

내 관심은 하나님과의 관계입니까, 아니면 유산입니까?

예수님께서 말씀하십니다. "눈은 몸의 등불이니 그러므로 네 눈이 성하면 온몸이 밝을 것이요"(마 6:22).

내 눈은 무엇을 보고 있습니까? 아버지 하나님입니까, 아니면 무병장수 부귀영화입니까?

아홉 살 소년 마르코는 돈 벌러 남미로 떠난 엄마를 만나기 위해

이탈리아를 떠납니다. 오로지 엄마를 만난다는 생각으로 온갖 어려움을 이겨냅니다. 마침내 엄마를 만납니다. 이것이 〈엄마 찾아 삼만 리〉입니다. 이것이 진정한 신앙입니다. 다만 다른 점은 마르코의 엄마는 가난하고 병들었으나, 우리 아버지 하나님은 우주만물을 창조하신 전지전능한 분이라는 점입니다.

아브라함, 백 세 때 얻은 이삭을 바치라는 하나님의 명령을 듣습니다. 모리아 산으로 가는 사흘 동안 밤낮으로 무엇을 생각했겠습니까? 단 하나, 하나님이냐 이삭이냐 양자택일할 부분이었을 겁니다. 아브라함은 마침내 결론을 내립니다. 하나님을 택하기로. 이삭의 가슴에 비수를 꽂으려는 아브라함을 급히 부르시며 말씀하십니다. "네가 네 아들 네 독자까지도 아끼지 아니하였으니 내가 이제야 네가 하나님을 경외하는 줄을 아노라"(창 22:12).

아브라함의 길고 험한 여정은 바로, 그 무엇보다도 그 누구보다도 여호와를 경외하는 마음 하나를 얻기 위한 것이었습니다. 그리고 얻은 것이 여호와 이레, '여호와의 산에서 모든 것이 준비되리라'는 복입니다. 이삭보다 하나님을 사랑할 때 비로소 이삭과 함께 모든 것이 준비된 하나님의 성산에 오를 수 있습니다.

아브라함이기에 그럴 수 있다는 것이 아닙니다. 우리가 하나님의 자녀임에도 주어진 모든 것을 누리지 못하는 이유는, 하나님보다 중요한 것이 너무나 많기 때문입니다.

왜 아브라함을 '믿음의 조상'이라 부릅니까? 바로 이삭보다 하나님을 사랑하는 마음을 가졌기 때문입니다. 그 외의 마음은 믿음이 아니라는 뜻입니다. "너희가 하나님과 재물을 겸하여 섬기지 못하느니라"(마 6:24)는 예수님의 말씀은, 하나님보다 더 사랑하는 것이 있다면, 아무리 종교생활을 열심히 해도 '참 신앙'이 아니라는 말씀입니다.

스스로에게 물어보십시오. 하나님을 가장 사랑하십니까? 긍정적인 대답을 할 수 없다고 걱정하지 마십시오. 대답을 못했다고 절대로 지옥에 떨어지지 않습니다. 하지만 그저 그렇게만 산다면, 유한하고 어리석고 연약한 인간이므로 그 사랑을 지킬 수 없습니다. 그 사랑이 식어 그저 입술에만 남아 있게 마련입니다. 예수님께서 라오디게아 교회를 향해서 경고하신 말씀을 귀담아 들어야 합니다.

이같이 미지근하여 뜨겁지도 아니하고 차지도 아니하니 내 입에서 토하여 버리리라. 네가 말하기를 나는 부자라 부요하여 부족한 것이 없다 하나, 네 곤고한 것과 가련한 것과 가난한 것과 눈 먼 것과 벌거벗은 것을 알지 못하도다(계 3:16-17).

하나님을 가장 사랑하는 데서 한 걸음 더 나가야 합니다. 그런데 어디로 가야 할까요?

예수님께서 하늘에 보화를 쌓아야 한다고 하시면서 한 가지 중요한 질문을 하십니다. "네게 있는 빛이 어두우면 그 어둠이 얼마나 하겠느냐?" 다른 말로 하면, 내게서 얼마나 많은 빛이 나오느냐를 물으시는 것입니다.

제너럴 일렉트릭의 전설적 CEO 잭 웰치는 회사 임원을 선발할 때 반드시 점검하는 것이 있습니다. 그 사람으로 인하여 부하 직원들이 얼마나 발전했는지를 꼭 확인합니다. 즉 그는 부하 직원들을 살리는 사람인가 그저 수단으로 이용하는 사람인가를 체크합니다. 아무리 능력이 있고 똑똑해도 남을 이용하는 사람이라면 그에게서는 아무런 빛도 나오지 않습니다.

빛이 있어야 생명이 살아납니다. 빛은 곧 생명입니다. 그래서 사도 요한은 그의 복음서 첫 부분에 예수님을 빛이라 부르고 있습니다. "그 안에 생명이 있었으니 이 생명은 사람들의 빛이라"(요 1:4).

예수님이 빛이신 이유는 단 하나입니다. 자신의 목숨까지도 남을 살리는 데 사용하였기 때문입니다. 내 안의 빛은 학벌, 권력, 능력, 미모, 재산에서 나오지 않습니다. 내가 얼마나 다른 사람들에게 유익한 존재인가에 따라 내 빛의 밝기가 결정됩니다.

유익한 존재가 되기 위해서는 진심으로 살리고 도와주려는 마음이 있어야 합니다. 그러기 위해서는 예수님의 마음을 품고 하나님의 영광을 위하여 그 일을 해야 합니다. 복 받기 위해서 칭찬 받기 위해서 그 일을 하거나 또한 생색을 낸다면, 그 순간 내 빛은 꺼져버립니다. 다른 말로 하면 하늘에 보화를 쌓지 못한다는 것입니다. 은밀히 보시는 하나님께서 갚지 않으신다는 것이며, 녹슬어버린다는 것이며, 구멍이 뚫려 다 빠져나가버린다는 뜻입니다.

랍비가 제자들에게 물었습니다.

"언제 새벽이 오는 것을 아느냐?"

"고양이와 양을 구별할 수 있을 때 새벽이 온 것을 압니다." 한 제자가 대답하였습니다. 옆에 있던 다른 제자는 이렇게 말했습니다. "무화과 나무 잎과 포도나무 잎을 구별할 수 있을 때입니다."

랍비가 말했습니다.

"모두 다 틀렸다. 이웃이 네 눈에 보일 때가 어둠이 걷히고 새벽이 오는 때니라."

다른 사람들의 곤고함이 눈에 들어올 때, 그들을 불쌍히 여기고 도와주려고 다가갈 때 비로소 내 안에서 빛이 발하기 시작합니다.

진정으로 다른 사람들을 살리고 도와주려는 마음을 갖는다면, 무엇을 하든 어떤 직업에 종사하든 반드시 성공합니다. 거기에 존경이 더해집니다. 왜냐하면 하나님께서 만드신 세상은 '좋은 세상' 조화로운 세상이기 때문입니다. 우리를 하나님의 형상으로 만드신 목적이 서로 도우며 살리며 살라는 것이기 때문입니다.

　내 비록 보잘것없지만, 이제 하나님의 자녀로서 예수님과 함께 남을 살리러 떠납니다. 여호와의 영광이 우리를 호위하며, 내 빛은 점점 더 밝아집니다. 죽어가는 모든 것이 나로 인하여 살아납니다. 그리고 백배의 결실을 맺어 누리고, 또 베풀고도 남을 것입니다. 그 일을 위하여 우리가 여기에 모인 것입니다.

그리하여
그들이
날았다

공중의 새를 보라. 심지도 않고
거두지도 않고 창고에 모아들이지도
아니하되 너희 하늘 아버지께서 기르시나니
너희는 이것들보다 귀하지 아니하냐.
-
마 6 : 26 - 34

"예수님을 위해 무엇을 할 수 있을까?"
"네가 가장 좋아하는 일이 뭐니?"

나는 너희에게 오직 천사만을 보냈었다.
중요한 것은 아무것도 없다.

그가 말했다. "가장자리 끝으로 오라."

그들이 대답했다. "우린 두려워요."

그가 다시 말했다. "가장자리 끝으로 오라."

그들이 왔다.

그는 그들을 밀었다. 그리하여 그들은 날았다.

_ 기욤 아폴리네르 〈그리하여 그들은 날았다〉

  어린 시절부터 미국에서 생활했던 백승욱 씨, 공부는 뒷전인 채
스노보드를 아주 끼고 살았습니다. 처음에는 놀이였다가 후에는 꿈
이자 희망이 되었습니다. 열심히 훈련받아 세계 대회에 출전하여
한국인 최초로 5위의 성적을 거두었습니다. 그러나 얼마 뒤 연습 중

발목뼈가 부러지는 바람에 선수 생활을 포기해야 했습니다. 적응할 수 없었던 타지에서 유일한 희망이었던 스노보드가 사라지자, 그에게 남겨진 것은 "이제 뭘 하며 살지?"라는 생각에서 오는 두려움과 절망감과 그로부터 오는 방황이었습니다.

생계를 위해 일식 레스토랑에서 주방 보조 일을 시작하였습니다. 그래도 무슨 일이라도 할 수 있다는 안도감에 그는 열심히 일했습니다. 새벽 5시에 식당에 도착하여 허드렛일을 모두 끝내고 곁눈질로 칼 쓰는 법, 회 뜨는 법, 초밥 만드는 법을 배웠습니다. 입사 3년 만에 부주방장이 되었습니다. 거기서 안주하고 싶지 않아 일을 그만두고 최고의 일식 쉐프인 마사하로 모리모토와 마츠히사의 밑으로 들어가 주방보조 일을 시작했습니다.

현재 백승욱 씨는 라스베이거스의 유명한 일식당에서 총주방장으로 명성을 날리고 있습니다. 그는 라스베이거스 호텔 업계 동양인 최초이자 최연소 주방장입니다. "그리하여 그는 날았던" 것입니다.

당신, 하나님을 모르는 사람인가

예수님은 어린아이들을 너무나 사랑하셨습니다. 어린이들이 제대로 사람 취급받게 된 건 얼마 되지 않았습니다. 그 전까지는 귀한 집 자제가 아니면 사람 취급을 받지 못했습니다. 그런데 2천 년 전 예수님은 주변에 모여든 떠돌이 어린이들마저도 사랑하셨다는 것은, 예수님은 하나님의 아들이신 또 다른 증거입니다. 우리 자녀들도 저마다 날개를 달고 하늘 높이 날아오르기를 간절히 바랍니다.

어떻게 하면 자녀들에게 날개를 달아줄 수 있을까요?

예수님께서 우리 모두에게 질문을 하십니다. "공중의 새를 보라. 심지도 않고 거두지도 않고 창고에 모아들이지도 아니하되, 너희 하늘 아버지께서 기르시나니 너희는 이것들보다 귀하지 아니하냐"(마 6:26). 이 질문을 곰곰이 생각해보십시오. 우리의 가치관, 교육관, 나아가서 근본을 뒤흔드는 질문입니다.

예수님께서는 절대로 하나님과 재물을 겸하여 섬기지 못한다(마 6:24)고 하셨습니다. 이 말씀은 아무리 신앙생활을 열심히 하여도 하나님보다 재물을 더 좋아하면 그것은 '가짜 신앙'이라는 뜻입니다.

한 남자를 사랑하지 않으면서도, 그로부터 무언가를 얻기 위해 함께 사는 여자를 '첩妾'이라고 부릅니다. 한자를 살펴보면 '서 있는 여자'라는 뜻을 가지고 있습니다. 사람의 마음을 얻기 위해 갖은 노력을 하지만 그로부터 아무것도 얻지 못하는 상황에 이르면 욕하고 떠나는 여자, 즉 언제나 '떠날' 준비가 되어 있는 여자입니다. 하나님의 복을 얻기 위하여 하나님을 섬기는 것이 '첩 신앙'이요, '가짜 신앙'입니다. 그래서 복을 얻기 위하여 하나님을 섬기는 '기복신앙'은 단연코 잘못된 것입니다.

하나님을 사랑하면서 가난하게 살라는 뜻이 절대로 아닙니다. 성경은, 우리가 "하나님의 자녀"(창 1:27)라는 말로 시작해서 "예수님의 가장 친한 친구"(요 15:15)이며, "예수 그리스도의 신부"(계 21:2)로 끝이 납니다. 자녀, 친구, 신부… 모두 자신보다 더 사랑하는 존재들입니다. 당연히 모든 것을 내어줍니다.

자녀를 향한 부모의 걱정이 무엇인지 생각해보십시오. "저 놈이 커서 잘 먹고 잘 살까?"입니다. 그래서 나도 모르는 사이에 돈 버는 기계로, 또 세상에서 잘 팔릴 보기 좋은 상품으로 만드는 데 총력을 기울입니다. 그런데 이것이 바로 올무이며 함정입니다.

그런 사람에 대해서 예수님께서 한말씀하십니다. "너희 중에 누가 염려함으로 그 키를 한 자라도 더할 수 있겠느냐"(마 6:27) 정작 자신이 누구인지, 해야 할 일이 무엇인지는 모른 채, 외모 지상주의에 휘둘리며 자녀들을 결혼 상품으로 만드는 한심한 세태를 지적하신 것입니다.

세상에서 가장 통치하기 어려운 이스라엘을 여자 몸으로 14년 동안이나 잘 다스려 최고의 수상으로 칭송받는 골다 메이어 수상은 이런 말을 하였습니다. "자신을 못생기게 만드신 하나님께 감사드립니다. 청소년 시절에 나를 귀찮게 하는 남학생이 한 명도 없어서 공부와 독서에 열중할 수 있었습니다."

예수님께서 말씀하십니다. "오늘 있다가 내일 아궁이에 던져지는 들풀도 하나님이 이렇게 입히시거든 하물며 너희일까보냐. 믿음이 작은 자들아"(마 6:30). 한마디로 그런 일에 골몰하는 사람은 곧 '믿음이 적은 자'입니다.

이런 사람들은 단순히 믿음이 적은 자로 끝나지 않습니다. "그러므로 염려하여 이르기를 무엇을 먹을까 무엇을 마실까 무엇을 입을까 하지 말라. 이는 다 이방인들이 구하는 것이라"(마 6:31-32). '이방인'이란 하나님을 모르는 사람을 총칭하는 말입니다. 즉 오직 의식주에 골몰하는 사람은 '믿음이 적은 자'를 넘어 곧 '믿음이 없는 자'라는 것입니다.

지극히 작은 자를 사용하시는 분

창조주를 모른다는 이유로 벌을 내려 인생을 어둡게 만드는 분을 하나님으로 알고 있다면 절대로 오산입니다.

믿음이 없기에 하나님께서 창조하신 세계에서 하나님을 보지 못합니다. 하나님의 사랑도, 하나님의 영감도, 하나님의 지혜도, 하나님의 능력도 보지 못합니다. 그 자체가 가장 어두운 함정이며 깊은 딜레마입니다. 이 어두운 함정에 빠져 있는 사람들은 자녀들이 아니라 부모입니다. 그래서 자신도 모르는 사이에 자녀들마저 어둠으로 끌어내립니다.

제니를 만나는 사람마다 세 번 놀랍니다. 멀리서 보면 작은 키에 너무나 뚱뚱해서, 가까이 가면 너무나 못생겨서, 아주 가까이 가면 얼굴에 주근깨가 빼곡하게 있어서 놀랍니다.

제니의 학창 시절 별명은 '걸어 다니는 시체'였습니다. 그렇게 된 계기는 제니 부모에게 있었습니다. 어린 시절 제니는 옆방에서 나누는 부모의 대화를 우연히 들었습니다. 엄마가 이렇게 말했습니다. "제니가 빨리 죽었으면 좋겠어. 저렇게 못생기고 뚱뚱한 아이가 이 세상을 어떻게 살겠어." 아빠는 그 말에 동의하였습니다. 이후 제니는 표정도 생각도 없는 뚱뚱한 바보가 되었습니다. 학창시절 제니는 세 번이나 자살을 기도하였지만 그때마다 누군가의 도움으로 살아남았습니다.

고등학교를 간신히 졸업하고 우여곡절 끝에 평생교육원에서 공부를 더 할 수 있게 되었습니다. 거기서 몇 명의 학생들이 제니에게 다가왔습니다. 언제나 놀림만 당했던 제니는 그들을 경계하며 마음을 주지 않았습니다. 그런데 그 학생들은 진짜 그리스도인이었습니다. 제니가 거부해도 언제나 그녀를 다정하게 대했습니다. 그리고 늘 하는 말이 있었습니다. "예수님은 너를 사랑해." 몇 달이 지나 그들의 진심을 받아들인 제니가 처음으로 입을 열었습니다. "예수님에 대해서 알고 싶어." 이를 계기로 그들은 제니에게 열심히 예수님에 대해서 가르쳤습니다. 제니의 마음이 조금씩 열렸습니다. 제니가 그들에게 물었습니다. "내가 예수님을 위해 할 수 있는 일이 뭐가 있겠니?" 그러자 그들이 물었습니다. "네가 가장 좋아하는 일이 뭐니?" 제니는 처음으로 자신에 대해서 곰곰이 생각해보았습니다. 며칠 후 제니가 말했습니다. "나는 아이들이 좋아." 그들은 여러 교회를 수소문해 제니를 유치부 보조교사로 섬기게 하였습니다.

꼬마들과 놀면서 제니는 난생 처음 경이로운 경험을 하게 됩니다. 꼬마들은 제니의 외모와 상관없이 그녀의 사랑을 받고 싶어 한다는 사실이었습니다. "이 세상에서 나를 필요로 하고 내 사랑을 받고 싶어 하는 사람들이 있다니!" 감동 그 자체였습니다. 꼬마들을 위해 뭔가를 해주고 싶었습니다. 그러나 할 줄 아는 일이 아무것도 없었습니다. 제니는 예수님께 기도하였습니다. "예수님, 제가 그 아이들을 위해 할 수 있는 일을 가르쳐주세요." 그 기도가 전부였습니다.

하나님께서 제니의 기도에 응답하셨습니다. 꼬마들을 잘 돌볼 수 있는 아이디어들이 제니의 머릿속에 샘물처럼 솟아올랐고, 그녀는 그것들을 노트에 적어놓고 매주마다 적용해보았습니다.

그 결과가 어땠을까요?

제니가 출석하는 교회는 시카고 근교의 작은 도시 해먼드에 있습니다. 해먼드 시는 어린이 신앙 교육을 위해 모든 학교를 개방하였

습니다. 주일날이면 시카고 각 지역의 버스들이 해먼드 시로 몰려
듭니다. 현재 이 지역의 주일학교 학생 수는 무려 3만여 명이 넘고,
주일학교 책임자인 제니는 드럼통 같은 몸을 날렵하게 움직이며,
하나님께서 주신 영감을 아이들에게 부어주고 있습니다.

우리 자녀들을 하나님의 이 놀라운 세계에 들어가게 하고 싶지 않
습니까?

하늘을 향해 번지점프하라

그러기 위해서는 부모가 먼저 진짜 신앙을 가져야 합니다. 진짜
신앙이란 첫째, 나는 하늘 아버지께서 가장 사랑하고 친히 기르시
는 하나님의 자녀이며, 둘째, 당연히 필요한 모든 것을 하나님께서
풍성히 공급하신다는 것을 믿는 것입니다. 이 신앙이 자녀들에게
날개를 달아주는 첫걸음입니다.

하나님이 바로 우리의 부모이며, 우리는 하나님의 자녀라는 믿음
만이 기독교를 전혀 다른 차원의 종교로 만듭니다. 진정 여호와 하
나님을 부모로 믿을 때, 정죄는 없습니다. 버림받을 걱정이나 버림
받았다는 절망은 더 이상 없습니다. 자녀들이 잘못하였을 때 부모
는 벌은 주어도 정죄하지는 않습니다. 그러므로 지적이나 징계를

사랑으로 받아들이면 더 잘할 수 있는 계기가 됩니다.

예수님은 들에 핀 백합화나 들풀이 솔로몬의 영광보다 훨씬 아름답다고 하십니다. 하물며 어린이들은 어떠하겠습니까. 백합화나 들꽃과 비교할 수 없을 정도로 고유 색깔을 지닌, 개성이 넘치는 존재들입니다. 개성은 오직 인간에게만 주신 하나님의 선물입니다. 그 개성을 꽃 피우게 하셔야 합니다.

다문화국가인 미국에서 주이시 맘Jewish Mom으로 불리는 유대인 엄마와 함께 코리안 맘Korean Mom도 맹위를 떨치고 있습니다. 그러나 근본적인 차이가 있습니다. 유대 격언에 "형제의 머리를 비교하면 양쪽 다 죽이지만 개성을 비교하면 다 살릴 수 있다"는 말이 있습니다. 유대인 엄마는 '남과는 다르게 되기'를 바라고, 한국 엄마는 '남을 앞지르기'를 바랍니다. 유대인 엄마는 개성을 키워주지만, 한국 엄마는 성적만 키워줍니다.

아인슈타인이 대한민국에서 태어났다면 그는 부모와 선생의 격정을 한몸에 받는 열등아로 끝났을 것입니다. '이 학생의 지적 능력으로는 어떤 공부를 해도 성공할 수 없다'는 선생님의 쪽지를 받은 아인슈타인 엄마는 아들에게 "너는 남과 다르기에 훌륭한 사람이 될 것"이라고 격려하였습니다.

개성을 키워주는 유대인 엄마들의 결과는 엄청납니다. 세계 인구의 0.2퍼센트인 유대인들은 노벨상 수상자 전체의 22퍼센트를 차지

하고 있습니다.

자녀들이 진정으로 원하는 것이 무엇인지를 잘 살펴야 하고, 또 찾아주어야 합니다. 자녀들이 무엇인가를 하고 싶다고 할 때, 걱정하거나 반대하지 말고 잘 인도해주어야 합니다.

예수님께서 말씀하십니다. "그러므로 내일 일을 위하여 염려하지 말라. 내일 일은 내일이 염려할 것이요. 한 날의 괴로움은 그날로 족하니라"(마 6:34). 우리는 흔히 이 대목을 "내일 일은 내일 염려하라"고 읽습니다. 아닙니다. "내일 일은 내일이 염려할 것이다"입니다. 내일 일은 내일 걱정하라는 뜻이 아니라, 내일 일은 내일이 걱정할 것이니까 안심하라는 말씀입니다. 내일 일은 하나님께서 책임지시니까 오늘 아무리 어려워도 믿고 하나님의 뜻에 합당하게 살라는 당부입니다.

모세가 우리 하나님 아버지에 대하여 이렇게 말합니다.

마치 독수리가 자기의 보금자리를 어지럽게 하여 자기의 새끼 위에 너풀거리며 그의 날개를 펴서 새끼를 받으며 그의 날개 위에 그것을 업는 것 같이 여호와께서 홀로 그들을 인도하셨고, 함께한 다른 신이 없었도다(신 32:11-12).

땅으로 곤두박질칠 것 같습니다. 그러나 이미 하나님께서 아래로

내려가 당신을 받을 준비를 하고 계십니다. 두려워 말고 창공을 향

해 점프하십시오. 자녀들을 점프하게 하십시오. 누구보다도 아름다

운 비행을 하게 될 것입니다.

너는
그리스도의
편지

그러므로 염려하여 이르기를 무엇을 먹을까
무엇을 마실까 무엇을 입을까 하지 말라.
이는 다 이방인들이 구하는 것이라.
너희 하늘 아버지께서 이 모든 것이
너희에게 있어야 할 줄을 아시느니라.
-
마 6 : 3 1 - 3 3 / 시 3 7 : 3 - 6

그런데 왜 소크라테스일까요,
왜 예수님이 아닐까요?

한때 스마트폰에 내장된 위치 추적 장치가 논란이 되었습니다. 스마트폰을 가진 사람은 자신도 모르는 사이에 모든 행동이 낱낱이 기록되고 저장된다는 것입니다. 이를 만든 스티브 잡스는 이에 대해 명쾌한 해명을 하지 않고 어물쩡 넘어갔습니다. 무슨 나쁜 의도가 있었던 것일까요?

저는 스티브 잡스를 좋아했습니다. 그의 남다른 깊이와 상상력과 예술성을 좋아했습니다. 선불교에 심취한 그를 왜 자주 거론하느냐고 비판하는 사람들도 있지만, 그리스도인 중에는 왜 그만한 깊이와 자유로움과 꿈을 가진 사람들이 없을까 안타까워하며, 그에게 자극받아 그를 능가하는 크리스천 리더들이 많이 나오기를 간절히 바랐었지요.

그는 왜 그랬을까요? 그런 장치를 얼마든지 만들 수 있습니다. 그런데 좋은 의도였다면 왜 명쾌한 설명을 하지 못한 것일까 하는 의문과 함께 실망감도 듭니다.

한때 잡스가 이런 말을 하였습니다. "소크라테스와 단 한 번이라도 식사를 할 수 있다면 내가 가진 모든 것을 내놓겠다." 소크라테스는 '질문법'으로 당시 세상을 깨웠던 사람입니다. 소크라테스는 사람들의 이야기를 잘 듣고 질문을 던집니다. 그런데 그의 질문들은 당시 소피스트들의 말장난 같은, 논리를 위한 논리가 아니라, 보다 본질적인 것이어서 사람들의 생각을 깨뜨리고 더 깊이, 더 넓게 나가게 하였습니다.

스티브 잡스는 누구보다 앞선 생각을 한 사람입니다. 그런 그가 원했던 것은, 자신의 생각을 깨뜨려주고 앞으로 나가게 하는 멘토입니다. 그런 멘토를 현재 그 어디에서도 찾을 수 없다는 것입니다. 그래서 스티브 잡스는 소크라테스와의 한 끼 식사를 위해서 기꺼이 자신의 모든 것을 내놓을 용의가 있다는 것입니다.

그런데 왜 소크라테스일까요, 왜 예수님이 아닐까요?

본질과 가치가 우선이다

우리 교회 홈페이지 게시판에 올라온 어떤 분의 질문입니다.

"방언의 은사는 꼭 받아야 되나요? 어떤 분이 방언을 아직 받지도 않았냐며 무시하더라구요. 저도 받고는 싶은데 어떻게 해야 할지 모르겠어요. 방언을 쉽게 받을 수 있는 방법이 있나요?"

질문을 읽는 순간 숨이 턱하고 막혔습니다. 답답함 때문입니다. 예수님이 십자가에서 고통을 참으시며 세우신 '주님의 몸 된' 교회가 이런 질문이나 하게 만드니, 스티브 잡스가 예수에게서 답을 얻지 못하는 것이 아닌가 싶었기 때문입니다. 예수에게서 아무런 해답도 찾지 못했기에, 선불교에 심취하고 소크라테스를 애타게 그리워하는 것입니다.

힌두교의 성자 밑에서 십수 년을 수도하던 제자가, 어느 날 스승에게 달려왔습니다. 희색이 만면했습니다. "스승님 기뻐해주십시오. 드디어 물 위를 걸어 강을 건널 수 있게 되었습니다." 그러자 스승이 말했습니다. "애 많이 썼구나. 그런데 이 강을 건너는 뱃삯이 얼마더냐?" "20루피입니다." 스승이 말했습니다. "너는 10년 동안 그 고생을 하고 20루피를 번 것이니라."

방언의 본질을 모른 채 그저 방언을 못 받은 것에 급급해하고 한숨 쉬고 절망하는 이에게 저는 뭐라고 대답해야 하나요?

힌두교가 물 위를 걷게 하는 종교가 아니듯이, 기독교는 방언이나 예언이나 고치는 은사를 가르치고 받게 하는 종교가 아닙니다.

바다를 탐험하던 일군의 사람들이 망망대해에서 연이어 있는 섬들을 발견하였습니다. 한 섬에 상륙해보니 섬사람들의 생활이 엉망진창이었습니다. 분쟁과 기아와 불신이 섬 전체를 뒤덮었고 사람들은 서로 경계하며 간신히 연명하고 있었습니다. 다른 섬들도 대동소이했습니다. 실망하며 마지막 남은 섬에 상륙했습니다. 뜻밖에도 그 섬은 별천지였습니다. 풍요롭고 건강하고 사랑과 생기가 넘쳤습니다. 만면에 웃음이 가득한 촌장과 마을 사람들이 상륙한 그들을 친절히 맞이하였습니다. 선장은 촌장에게 왜 이 섬은 이토록 풍요와 평화가 넘치는가 물었습니다. 촌장이 대답합니다. "모두 벤저민 어르신 덕분입니다. 그분이 농사에서부터 건강관리 육아법까지 다 가르쳐주셨습니다." 선장이 말했습니다. "그분을 뵙고 싶습니다. 안내해주시겠습니까?"

촌장은 건강하고 똘똘한 아이들이 가득한 학교로, 한눈에 봐도 시설이 훌륭한 병원으로, 친절하면서도 효율적으로 움직이는 관공서로, 선장과 선원들을 인도하였습니다. 어디를 가나 누구든지 사랑받고 사랑하는 곳임을 한눈에 알 수 있었습니다. 선장은 이제나 저제나 벤저민 어른을 만날까 하였지만 그 어디에도 벤저민이란 분을 만날 수 없었습니다. 마침내 선장이 물었습니다. "그런데 벤저민 어른은 언제 뵐 수 있을까요?" 무슨 말을 하는지 모르겠다는 표정으로 고개를 갸우뚱하며 마을 사람과 열심히 토론하더니 마침내 결론을 내린 듯 보였습니다. 그리고 데려간 곳은 마을 언덕에 위치한 교회였습니다. "아, 저기에 그 양반이 사시는구나." 생각하며 올랐습니다. 교회로 들어가서는 십자가와 성경책을 보여주며 말했습니다. "벤저민 어르신이 우리에게 하나님을 가르쳐주셨습니다." "아 그렇습니까? 그 어른이 여기에 사십니까? 얼른 만나게 해주십시오." 선장이 재촉하자 그것은 곤란하다고 하였습니다. "그분은 여러 해 전에 돌아가셨습니다." 그 말을 들은 선장이 폭발했습니다. "어르신을 보여달라고 누누이 부탁했잖소! 그런데 그 양반이 돌아가셨다는 말은 하지 않고 여기저기 끌고만 다니고!"

그러자 촌장이 말했습니다. "어르신은 마을 어디에나 하나님과 함께 계십니다."

그분을 닮아 그리스도의 편지

사도 바울은 우리를 그리스도의 편지(고후 3:3)라고 말하고 있습니다. 사도 요한은 우리를 통하여 하나님을 본다고(요일 4:12) 하였습니다. 그리스도인인 우리는 세상 사람들에게 무엇을 보여주고 있는지 진지하게 생각해보아야 합니다.

오늘날 한국 교인들이 살고 있는 섬이 있다면 정말 우스꽝스럽고 불합리해 보일 겁니다. 예수를 닮겠다고 스스로를 십자가에 못 박고 "예수 천당 불신 지옥"을 쓴 붉은 십자가를 들고 고성방가하고, 서로 자기 교회로 끌어들이려고 경쟁하고, 저마다 더 큰 건물을 짓느라 열을 올리고, 시도 때도 없이 부르짖는 소리로 넘쳐나고….

예수님을 따르고 사랑하고 닮아가는 것이 그런 것일까요? 가는 발걸음을 멈추고 깊이 생각해봐야만 합니다.

우리가 섬이라면, 가장 아름답고 풍요롭고 합리적이고 매력 넘치는 곳이어야 합니다. 누구나 가까이 가고 싶은 곳이 되어야 합니다.

21세기 최고의 인간 중 하나인 스티브 잡스의 멘토 소크라테스가 보지 못하는 것을 예수님은 꿰뚫고 계십니다. 예수님이 가르쳐주신 많은 것들 중에 최고로 가치 있는 것은, 인간이 그동안 생각하지도 못했던 최고의 것들을 보여주신다는 점입니다. 그것들이 구절마다 적혀 있습니다.

예를 들어 봅니다. "네 이웃을 사랑하고 네 원수를 미워하라 하였다는 것을 너희가 들었으나 나는 너희에게 이르노니 너희 원수를 사랑하며 너희를 박해하는 자를 위하여 기도하라"(마 5:43-44)고 예수님께서 가르치십니다. 이것은 소크라테스도 그 어떤 인간도 전혀 생각해낼 수 없는 것입니다. 소크라테스는 아테네의 청년들을 오도한다는 죄목으로 독배형에 처해집니다. 그는 '악법도 법이다'는 말을 남기고 독배를 듭니다. 왜냐하면 인간이 생각해낸 가장 훌륭한 정치 형태가 법치 민주주의 국가이고 그 가치를 지키기 위함이었습니다. 훌륭합니다. 하지만 원수를 사랑할 생각이나 그들을 위하여 기도할 생각은 하지 못했습니다.

스티브 잡스가 예수님의 진면목을 알았고 그분을 멘토로 모셨다면, 또 위치 추적 장치가 그토록 중요하다고 생각했다면, 달리 만들어 적용하였을 것이며, 또한 달리 해명하였을 것입니다.

자신을 십자가에 못 박아 죽는다고 해서 예수님을 가장 닮은 것이 아닙니다. 예수님의 가르침의 본질을 깨닫고 그렇게 살려고 애쓰는 것입니다.

원수를 사랑하며 나를 핍박하는 사람을 위해서 기도하기란 거의 불가능합니다. 불가능하다고 머물면 그것 자체가 지옥입니다. 예수님은 거기서 떠나기를 원하십니다. 귀를 열어 예수님의 가르침을 듣습니다. 우리가 가야 할 길이 보입니다. 이 자체가 은혜입니다. 어디로 가야 하는지 아는 사람들은 더 이상 고아가 아닙니다. 또한 가려고 애를 쓰면 쓸수록 지옥을 벗어납니다. 놀라운 하나님의 능력과 지혜와 평강을 이 땅에서 이미 경험하게 됩니다. 하나님나라에 더욱 깊이, 그분이 부어주신 은혜의 중심으로 들어가게 됩니다. 예수님의 마음을, 그분의 얼굴을 맞대고 보듯이, 환히 보게 됩니다.

예수님께서 말씀하십니다. "먼저 그의 나라와 그의 의를 구하라. 그리하면 이 모든 것을 너희에게 더하시리라"(마 6:33).

이 말씀은 "너희 보물을 하늘에 쌓아두라"는 말씀과 한 치의 오차도 없이, 전도와 헌금을 열심히 하면 하나님께서 복을 주신다는 것으로 해석하여 교인들에게 가르쳤습니다.

먼저 그의 나라와 그의 의를 구하는 것이 곧 전도, 봉사, 헌금, 교회생활을 열심히 하는 것이라고 예수님께서도 그렇게 생각하셨다면, 기독교가 막강 종교가 되는 동시에 교인들도 모두 행복하게 되었을 것이고. 기독교에 대한 신뢰와 칭송이 드높았을 것입니다. 왜요? 이 모든 것을 더하시리라고 하셨기 때문입니다. 그런데 아닙니다. 날이 갈수록 기독교에 대한 비판과 탄식이 높아지고 있습니다. 통계에 의하면, 한때 종교를 가졌으나 현재는 비종교인인 사람이 800만 명인데, 그 중 기독교가 58퍼센트, 불교 28퍼센트, 천주교가 20퍼센트라고 합니다. 기독교는 한마디로 교인들에게도 '버림받은 종교'라고 할 수 있습니다.

하나님의 선물은 상상 초월

예수님과 대제사장이 있습니다. 누구에게 더 가까이 가고 싶습니까? 당연히 예수님입니다. 예수님은 따뜻하고 친절하고 넓고 깊은 분입니다. 무엇보다 사랑이 넘치는 분입니다. 대제사장과 바리새인들은 '종교'가 만들어낸 기형아들입니다. 신통하다는 무당일수록 이상하고 기괴합니다. 종교가 만들어낸 존재이기 때문입니다. 요즘 많은 한국 교회와 교인들이 점점 이상해지는 이유이기도 합니다.

먼저 하나님나라와 그의 의를 구하라는 말씀의 뜻을 가장 잘 드러낸 것이 시편 37편 말씀입니다. "여호와를 의뢰하고 선을 행하라" (3절). 하나님을 의지하고 사랑을 베풀며 사는 것이 종교생활보다 앞선 하나님의 뜻입니다. 하나님은 이 땅과 우리를 창조하셨습니다. 그 창조의 법칙은 사랑입니다. 악한 것은 눈곱만큼도 없습니다.

"먼저 그의 나라와 의를 구하라"고 하셨습니다. 하나님나라엔 악한 것은 바늘 끝만큼도 발을 못 붙입니다. 우리가 살아가는 삶에서도 그 증거를 쉽게 발견할 수 있습니다. 상대방의 의도를 살핍니다. 만약 아무리 사소한 것이라도 나쁜 의도를 알게 되면 우리는 상대방을 믿지 않게 됩니다.

그래서 행악자를 인하여 불평하지 않고, 불의를 행하는 자를 투기하지 않아도 됩니다. 설사 그들이 잘되는 것 같아도 그들의 번성은 일시적인 것입니다. 풀과 같이 속히 베임을 당할 것입니다.

그렇다고 죄지을까 악을 행할까 노심초사하며 살라는 것이 아닙니다. 신나게 살되, 열심히 사랑을 베풀되, 내 안에 나쁜 의도가 있는가 늘 살피라는 것입니다. "그렇게 살다가 이 험한 세상에서 상처만 받게 되면 어떡하라고" 하시겠지만, 하나님의 약속을 믿고 늘 정직과 성실의 삶을 살아야 합니다.

"땅에 머무는 동안 그의 성실을 먹을 거리로 삼을 지어다"는 시편의 말씀의 원뜻을 살펴보면 '땅에서 하나님의 안전보장을 즐거워하다'입니다. 하나님께서 어떤 경우에도 보호해주신다는 것을 굳게 믿고 하나님과의 동행 자체를 즐긴다는 뜻입니다. 먼저 그의 나라와 의를 구하면 이 모든 것을 더하신다는 것과 같은 말입니다.

"여호와를 기뻐하라."

'기뻐하라'에 해당되는 히브리어는 아나그*anag*. 그 뜻은 '유연하다', '부드럽다', '즐거워하다'입니다. 하나님 한 분이면 족합니다. 어렵고 힘들어도 그분과 동행하는 것으로도 행복합니다. 그래서 안달복달하지 않고 유연합니다. 완악해지지 않고 부드럽습니다. 끌탕하지 않고 오늘에 감사하며 성실히 정직하게 삽니다. 그것으로도 족한데, 하나님의 은혜는 끝나지 않습니다. 하나님께서 내 마음의 소원을 이루어주십니다.

하나님의 사랑과 상급은 언제나 상상을 초월합니다.

네 의를 빛 같이 나타내시며 네 공의를 정오의 빛 같이 하시리로다(시 37:6).

악착같이 살았습니다. 그래서 돈도 많이 벌고 출세도 하였습니다. 그런데 오로지 내 목표를 내 힘으로 이뤄낸 것이라 생각합니다. 그 결과 높아진 만큼 그림자도 어둡고 길어집니다. 그림자 밑에서 원망과 분노가 가득합니다. 그러나 하나님을 사랑하며, 그 나라에 살며, 예수님처럼 남들을 살리는 삶을 살았습니다. 아무리 높아져도 그림자가 생기지 않습니다. 정오의 빛같이 바로 위에서 하나님의 사랑이 내비치기 때문입니다.

이름을 주신 아버지 앞에 무릎을 꿇고 비노니 … 믿음으로 말미암아 그리스도께서 너희 마음에 계시게 하시옵고, 너희가 사랑 가운데서 뿌리가 박히고 터가 굳어져서 … 그 너비와 길이와 높이와 깊이가 어떠함을 깨달아 하나님의 모든 충만하신 것으로 너희에게 충만하게 하시기를 구하노라(엡 3:14-19).

이 기도가 저와 책을 읽는 여러분들에게 온전히 이루어져서 무엇에든지 참되며, 무엇에든지 옳으며, 무엇에든지 사랑할 만하며 무엇에든지 칭찬할 만한(빌 4:8) 그리스도인이 되었으면 좋겠습니다.

간절했던
마지막
질문

너희가 비판하는 그 비판으로 너희가 비판을 받을 것이요
너희가 헤아리는 그 헤아림으로 너희가 헤아림을
받을 것이니라. 어찌하여 형제의 눈 속에 있는 티는 보고
네 눈 속에 있는 들보는 깨닫지 못하느냐.
-
마 7 : 1 - 5

자신의 기준으로 하나님 노릇하기
이것이 바로 사탄이 노리는 것

미국 텍사스 주립대학 의과대학의 저명한 심장병 전문의 스미스 박사는 어느 날 심장마비로 사망합니다. 동료와 제자들이 달려와 살려보려 했지만 소용이 없었습니다. 죽는 순간 그는 자신의 육체로부터 분리되어 죽은 자신과, 거기서 벌어지던 모든 소동을 지켜보다 곧 어두운 터널로 빨려 들어갔지요. 얼마나 지났을까, 밝은 빛 앞에 서게 됩니다. 자신의 지난 과거들이 순식간에 전개되었습니다. 무의식적이든 의식적이든, 남에게 상처를 주었던 일들이었습니다. "내가 저랬었구나." 그는 너무나 놀랐고 한편으로는 부끄러웠습니다. 그 때 한 음성이 들려왔습니다.

"네 말로 다른 사람들에게 얼마나 상처를 주었는가?"

똑같은 질문을 세 번에 걸쳐 들었습니다. 그리고는 다시 살아났습니다.

그렇게 살아난 스미스 박사는 학교에 안식년 휴가를 내고 전 세계를 돌며 강연을 했습니다. 강연의 제목은 '마지막 질문'이었습니다. 우리나라에도 와서 강연을 했습니다.

예수님께서도 이 질문이 심판대에서의 마지막 질문이 될 것이라고 말씀하셨습니다. "내가 너희에게 이르노니 사람이 무슨 무익한 말을 하든지 심판 날에 이에 대하여 심문을 받으리니 네 말로 의롭다 함을 받고 네 말로 정죄함을 받으리라"(마 12:36-37).

'무익한 말'이란 그저 지나가는 말이나 무심코 던진 말을 뜻합니다. 하지만 이런 말이라도 하나님 앞에 섰을 때 추궁을 받는다는 것입니다. 우리가 사는 세상은 너무나 불합리하고 불의한 일로 가득차 있습니다. 가까운 사이일수록 잘못된 일과 단점들이 확연히 보입니다. 그저 참고 넘어가려니 울화가 치밀어 오릅니다. 그래서 불쑥 내뱉거나, 아예 작심하고 쏘아댑니다. 상대방은 내가 쏜 언어의 총알에 치유할 수 없는 상처를 입습니다. 그렇다면 하나님 앞에서 그에 대해 책임을 져야 한다는 뜻입니다.

"네 말로 다른 사람에게 얼마나 상처를 주었는가?" 이 질문 앞에 저 역시 할 말이 잃습니다. 너무나 많은 사람들에게 그랬기 때문입니다. 또 진심을 살펴보면 많은 경우 그것은 의도적으로 행한 일이었습니다.

자신의 기준으로 하나님 놀이하기

오늘 본문에서 예수님께서 같은 뜻의 말씀을 하십니다. "너희가 비판하는 그 비판으로 너희가 비판을 받을 것이요, 너희가 헤아리는 그 헤아림으로 너희가 헤아림을 받을 것이니라"(마 7:2).

'비판', '헤아림'의 원래 뜻은 우리의 생각보다 훨씬 더 심각한 의미의 말입니다. '비판'을 의미하는 헬라어 크리노*krino*는 '정죄하다', '심판하다'입니다. '헤아림'에 해당되는 헬라어 메트레오*metreo*는 눈금이 새겨진 자로 수치를 측정하는 것을 말합니다.

우리가 남을 비판하거나 헤아릴 때의 기준은 각자의 잣대로 합니다. 그 잣대, 자신의 기준에 맞지 않을 때 상대방을 비난하거나 비판합니다. 가만히 생각해보십시오. 얼마나 사소한 일로 상대방을 비판하는지. 자신과 다른different 것을 너는 틀렸다wrong고 하는 경우가 얼마나 많은지 생각해보십시오.

꼬마가 밥을 흘리면서 먹습니다. 참고 있던 엄마가 소리칩니다. "너는 커서 뭐가 되려고 그러니!" 꼬마가 가만히 있지를 못하고 부산합니다. 참고 있던 엄마가 소리칩니다. "지 애비 닮아서!" 꼬마들이란 원래 그렇게 부산하고 산만합니다.

C.S. 루이스의 책《네 가지 사랑*The Four Loves*》에서 "부모를 대하는 자녀의 나쁜 태도보다 자녀를 대하는 부모의 나쁜 태도가 훨씬 더

많은 악영향을 끼친다"고 말합니다.

비판이나 정죄를 하는 순간 자신의 기준이 하나님을 앞선다는 것을 절대로 잊어서는 안 됩니다. 자신의 기준으로 하나님 노릇하기, 이것이 바로 사탄이 노리는 것입니다.

에덴동산에서 사탄이 이브에게 말합니다. "너희가 그것을 먹는 날에는 너희 눈이 밝아 하나님과 같이 되어 선악을 알 줄을 하나님 아심이니라"(창 3:5).

의미심장한 말입니다. 선악을 알게 하는 나무의 실과를 먹는 순간 하나님이 된다는 것입니다. 하나님이 된다는 것은 각자의 기준으로 선악을 가리게 된다는 말입니다. 자신과 생각이 다르면 그를 비판하고 정죄하게 된다는 말입니다.

이것이 바로 사탄이 파놓은 비판과 정죄의 함정입니다. 이것의 무서운 점은 그 함정에 빠져 있다는 것을 깨닫지 못한다는 것입니다. 사탄은 하나님의 기준 대신, 각자의 기준으로 상대방을 서로 정죄하라고 부추깁니다. 그래야 손 까딱하지 않고도 에덴동산이 지옥이 되어버리니까요.

그럼에도 왜 사람들은 그토록 많은 비판과 정죄에 몰두하는 것일까요?

그리스도의 간절한 당부

비판이나 정죄가 '사람을 고쳐주는 힘'이 있다고 생각하기 때문입니다. 이것이 일차적인 착각입니다. 비판이나 정죄는 사람을 고쳐주는 힘이 없습니다. 비판이나 정죄를 받고 자신을 돌아보는 사람은 극소수로 이미 그는 훌륭한 인간입니다. 거의 모든 사람은 정죄를 당할 때 깊은 상처를 받습니다. 가까운 사람일수록 그 상처는 깊고 치명적입니다. 두 번째 착각은, 비판이나 정죄하는 사람은 자신은 옳다고 스스로 믿고 있다는 점입니다. 그러나 사람은 누구도 완전히 옳을 수 없습니다.

또 하나 무서운 점이 있습니다. 비판이나 정죄를 입으로 내뱉는 순간, 그 사람은 자신의 기준에 갇혀버리고 맙니다.《지금 머물러 있는 곳을 더욱 사랑하라*Finding Calcutta*》에는 마더 데레사와 사랑의 선교회에 관한 이야기가 나옵니다.

서방 선진국에서 온 의료선교 팀의 눈에는 사랑의 선교회의 활동이 너무나 비효율적으로 보였습니다. 변변한 의료장비도 없고 위생시설도 전문 인력도 없었습니다. 그들은 일하는 내내 끊임없이 비판하고 불평하고 가르치려 들었습니다. 그러나 마더 데레사와 수녀들은 아무런 반응도 없었습니다. 표정의 변화도 없었습니다. 그저 미소를 지으며 묵묵히 해오던 대로 할 뿐이었습니다. 단 하나의 반응은 가장 어린 수녀가 그들이 숙소로 돌아간 후 얼마 후에 던진 한마디 "지금쯤 그분들이 숙소에 도착했겠네요"였습니다.

마더 데레사는 수녀들에게 언제나 절대로 남을 비판하지 말 것과 비판을 받더라도 화를 내지 말 것을 가르쳤습니다. 그렇게 하는 동안 마더 데레사는 점점 더 사려 깊은 훌륭한 인간으로, 예수님을 닮아갔습니다. 예수님은 언제나 우리의 고착화된 생각을 무너뜨리려고 하십니다. 그래야 하나님의 은혜의 세계로 들어가며, 더 큰 은혜를 누릴 수 있기 때문입니다.

아담과 이브는, 하나님께서 금하신 선악을 알게 하는 나무의 실과를 따먹었습니다. 하나님의 기준을 버린 것입니다. "왜 따먹었느냐"는 하나님의 질문 앞에서 아담과 이브는 서로에게 책임을 전가하기에 급급하였습니다. 당연합니다. 서로의 기준과 생각을 고수하기 때문입니다. 그 결과는 에덴동산에서의 추방입니다.

에덴동산은 여전히 이 땅에 존재합니다. 다만 사람들이 서로를 비판하고 정죄하느라 에덴동산을 보지도 누리지도 못할 뿐입니다. 에덴동산을 회복하는 유일한 길은, 모두가 다시 하나님의 기준을 받아들이고 함께 세상을 바라보는 것입니다.

하지만 사람들은 '비판하지 말고 정죄하지 말라'는 예수님의 가르침에 눈과 귀와 입을 가리고 살기로 결심합니다. 하지만 잘못된 결심입니다. 예수님께서 이 땅에 오신 것은 우리의 생명을 살리고 그 생명을 더욱 풍성케 하기 위해서입니다. 하나님께서는 우리가 이 땅에서 당신이 주신 풍성한 은혜를 누리고 베풀기를 원하십니다.

산상수훈을 들으며 잊지 말아야 하는 것, 제가 늘 강조하는 두 가지가 있습니다.

첫째, 예수님은 이 가르침을 통해서 포로 된 우리가 자유롭게 되고 눈먼 우리가 다시 보게 되기를 원하십니다. 그러므로 눈과 귀와 입을 가리는 것은, 하나님의 뜻과는 반대로 더 깊은 어둠에 스스로를 가두려는 어리석은 시도입니다. 마음이 병들기 십상입니다.

둘째, 각 가르침들은 단계별 가르침입니다. 예수님은 모든 억압당하는 사람들에게 복이 있다고 하셨습니다. 그 말을 믿는 자들은 모든 저주와 콤플렉스를 털고 다시 시작할 수 있습니다. 이어서 아무리 하찮은 사람이더라도 하나님의 자녀는 세상의 빛이요 소금이라고 하셨습니다. 그래서 보잘것없더라도 그 말을 믿으면 빛과 소금으로 살 수 있습니다. 분노하는 것은 곧 살인이며, 음욕을 목적으로 사람을 대하는 것은 곧 간음이라는 가르침을 깨닫는 이들 역시 하나님의 자녀로 살 수 있습니다. 복수는 하나님의 소관, 모든 억울함을 하나님께 맡기고 오히려 원수마저 사랑하고 나를 핍박하는 사람들을 위해 기도할 수 있습니다. 하나님과 남들에게 잘 보여 보상과 칭찬을 받으려는 마음을 버리고, 하나님과의 더 깊은 교제의 통로로 사용할 수 있습니다. 최종적으로 무엇을 먹을까 입을까 염려하지 않기로 작정한 사람들은 어떤 경우에도 불의와 타협하지 않고 남을 살리는 일에, 하나님나라 건설에 한 몫 거들 수 있습니다.

그렇게 하는 동안 겨자씨처럼 눈에 띄지도 않던 내가 어느덧 자라나 아름드리 나무가 되어 옹기종기 꽃도 피고 조로조롱 작은 열매들도 열리고 윙윙 벌들도 날아들고 새들까지 찾아오게 될 것입니다. 이렇게 열심히 하나님께 감사하며 살다보면 근사한 열매가 가득한 나무가 될 것이라 확신합니다.

그런 사람들에게 하시는 마지막 당부가 오늘 말씀입니다. "아니다. 죽는 날까지 해야 할 일이 있단다. 그것은 바로 남을 비판하지 말라는 것이다."

그 사랑 안에 살다

우리가 주목해야 할 말씀은 12절 말씀입니다. "그러므로 무엇이든지 남에게 대접을 받고자 하는 대로 너희도 남을 대접하라. 이것이 율법이요 선지자니라." '그러므로'는 결론을 내릴 때 사용하는 부사입니다. 즉 이 말씀이 산상수훈의 결론입니다.

A.D. 20년 경 유대교의 위대한 랍비 힐렐이 남긴 유명한 일화가 있습니다. 한 이방인이 이런 제안을 하였습니다. 자신이 외다리로 서 있는 동안 율법 전체를 가르쳐주면 유대교인이 되겠다는 것입니다. 힐렐이 즉시 이렇게 말했습니다. "남이 당신에게 하기를 원치 않는 일을 당신도 남에게 하지 말라. 이것이 율법의 전부요, 나머지는 다 이에 대한 주석이니라." 이후 이방인은 그의 제자가 되었습니다.

에덴동산은 죽어서 가는 나라가 아닙니다. 상대방에 대한 정죄를 멈추고 서로 대접할 때 이 땅에서 회복됩니다. 먼저 우리의 가정과 교회가 서로 대접함으로 에덴동산으로 회복되어야 합니다.

서로를 정죄하는 삶에서 벗어나는 첫걸음은 '정죄는 하나님의 몫'임을 명심하는 것입니다. 설사 비판의 내용이 옳다고 하여도 쉽게 결론을 내리는 일을 항상 조심해야 합니다. 그렇다고 모든 잘못을 묵과하라는 것은 아닙니다. '정죄'는 않되 '분별'은 해야 합니다.

사도 바울이 당부합니다. "너희는 이 세대를 본받지 말고 오직 마음을 새롭게 함으로 변화를 받아 하나님의 선하시고 기뻐하시고 온전하신 뜻이 무엇인지 분별하도록 하라"(롬 12:2). 비판과 정죄가 난무하는 세태를 본받지 말기로 합시다. 정죄와는 손을 끊기로 합시다. 이 결단은 인생의 중대 전환점이 됩니다. 마음을 새롭게 하는 출발점이 됩니다.

정죄와는 결별하고 대신 해야 할 일은 '분별'입니다. 그런데 분별을 잘하셔야 합니다. 바로 하나님의 선하시고 기뻐하시고 온전하신 뜻이 무엇인지 깨닫는 것입니다. 이를 위해 예배를 드리고 성경을 읽습니다. 무심코 던진 말은 내 잠재의식을 고스란히 드러냅니다. 꽁꽁 숨긴다고 될 일이 아닙니다. 하나님의 선하시고 기뻐하시고 온전하신 뜻이 무엇인지 깨닫고 살아갈 때, 나는 크고 깨끗한 그릇이 되어 저절로 하나님의 복을 누리며 살게 됩니다.

미타니 야스토 씨는 일본 샐러리맨들의 멘토로 추앙받는 사람입니다. 그는 평범한 회사원이었습니다. 그런데 일본에서는 찾기 어려운 독실한 크리스천입니다. 가네보 회사에 입사하여 성실하게 일한 그는 인사부장으로 승진했는데, 그의 업무 중 하나가 신사참배를 주관하는 일이었습니다. 그것은 기독교 신앙에 위배되는 일이었기에 결국 그는 사표를 제출합니다. 하지만 그의 성실함을 알고 있는 회사는 그를 해고하지 않았습니다. 45년간 재직하는 동안 숱한 어려움을 겪지만 그때마다 '하나님 최우선'의 신앙으로 이겨냈습니다. 마침내 그는 가네보의 회장 자리에 오릅니다. 그가 가네보의 CEO가 된 후 회사는 일취월장합니다. 그가 택한 가네보의 기업 정신은 '섬김의 정신'입니다. 바로 예수님의 가르침, "남에게 대접을 받고자 하는 대로 남을 대접하라"는 말씀을 기업에 적용하여 철저히 실천하였습니다.

그의 뛰어난 경영 마인드와 전략과 리더십의 원천은 기독교 신앙입니다. 그는 매일 기도와 말씀 묵상으로 영감을 구했습니다. 신앙을 자신의 현실로, 삶으로 만들었습니다. 그는 가네보를 초일류 기업으로 키운 후 최고의 전성기 때 물러납니다. 자신의 최고 전성기를 하나님나라를 확장하는 데 드리기로 한 것입니다. 그는 현재 부인과 함께 '가정교회'를 꾸리고 일본 열도를 다니며 강연회를 통해 하나님의 권세와 영광을 드러내고 있습니다.

> 모든 것을 참으며 모든 것을 믿으며 모든 것을 바라며 모든 것을 견디느니라(고전 13:7).

이 말씀은, 우리 한 사람 한 사람을 향하신 하나님의 선하신 뜻과 기뻐하시는 행동이 어떤 것인지 가르쳐줍니다. 그분은 죄와 허물로 가득한 우리를 참으십니다. 한심하기 짝이 없는 우리를 믿으십니다. 매일 매일 우리가 떠안겨주는 수치와 근심을 떠안으시며 견디십니다. 언젠가는 우리 모두가 하나님의 마음을 알고 반드시 좋아지리라는 소망을 버리지 않으십니다. 오늘도 우리는 그 사랑 안에서 살고 있습니다. 그 사랑을 깨달아 모든 것을 참고, 모든 것을 믿으며, 소망 가운데 전진하기를 기도합니다.

17

거룩한 것을
개에게
주지 말며

거룩한 것을 개에게 주지 말며
너희 진주를 돼지 앞에 던지지 말라.
그들이 그것을 발로 밟고 돌이켜
너희를 찢어 상하게 할까 염려하라.

-

삼하 24:10-15 / 마 7:6

나에게 주신 선물들을 보십시오.
가장 값진 것이 무엇일까요?

제이미 핫첼은 영국 BBC에서 다큐멘터리를 제
작하는 유명한 프로듀서였습니다. 그의 다큐멘
터리는 만드는 대로 크게 성공하였습니다. 돈과 함
께 명예와 명성이 함께 그에게 굴러들어왔습니다. 그런 그가 매주
복권을 삽니다. "이번 주에는 제발 대박 나라!" 그는 주식도 투자하
고 경매에도 열심히 참가합니다. 언제나 돈벼락을 꿈꿉니다. 남들
이 보기에는 욕심 많은 속물일 수도 있습니다. 하지만 그가 돈을 벌
려고 하는 이유는 단 한 가지, 누군가를 돕고 싶어서입니다. 다큐멘
터리를 제작하면서 세상에는 도와야 할 불쌍한 사람들이 너무나 많
다는 것을 뼛속까지 절감하였기 때문입니다.

어느 날 꿈같은 일이 벌어졌습니다. 그에게 엄청난 유산이 생긴
것입니다. 그의 아버지가 남긴 것입니다. 평소에 지나치게 검소하
다 싶었던 아버지가 그렇게 부자인줄 몰랐습니다. 벼락부자가 된

제이미는 생각했습니다. '이 돈을 어떻게 쓸까?' 곰곰이 생각하던 끝에 건물을 구입해서 임대사업을 하기로 하였습니다. 사람들이 그가 편안히 놀고먹으며 인생을 즐기게 되었다고 생각했지만 그럴 제이미가 아닙니다.

사무실을 거의 공짜로 임대해주기로 하고 입주할 회사를 모집했는데, 조건이 하나 붙었습니다. 자신의 주머니만 채우는 게 아니라 회사에서 낸 이익을 사회에 환원하겠다고 약속하는 것입니다. 그렇게 해서 이웃을 돕는 착한 기업, 사회단체가 커나갈 밑거름을 마련해준 것이지요. 이렇게 제이미의 '착한 부동산'은 시작되었습니다. 몇 달 후에 정책을 바꿔 임대료를 받았지만 다른 건물에 비하면 반값이었습니다. 입주한 회사나 단체들도 기꺼이 동참했고 행복해했습니다. 비슷한 조직이 함께 모여 있으므로 시너지 효과가 생겨 활동 영역이 넓어지고 이익도 기하급수적으로 늘고 그만큼 도움의 영역도 넓어졌습니다.

13년이 흘렀습니다. 오늘날 제이미의 착한 부동산은 어떻게 되었을까요? 영국에 건물 열다섯 개, 브뤼셀에도 두 개의 지점이 생겼고, 올해 유럽 본토에 본격적으로 진출했습니다. 제이미가 말합니다. "다 함께 나누며 살기 위해서는 꿈과 이상을 자꾸 사업화해야 해요."

요즘 청년들이 자신의 꿈을 사업화하여 그 이익을 가난한 사람들과 나누는 사회적 기업이 점점 늘어나고 있습니다. 시간이 지날수록 더욱 늘어날 것이고 그 기업들이 청년들의 꿈을 이루어줄 것을 저는 확신합니다.

거룩한 것은 무엇인가

달라스 윌라드는 그의 책《하나님의 모략》에서 이미 이 땅에서 천국을 살고 있는 복된 사람들의 특징 두 가지를 제시합니다. 첫째, 인간의 역사에서 일하시는 하나님을 받아들여 그분과 가장 친밀한 관계를 맺고 그 관계를 바탕으로 살아가는 사람. 둘째, 자신과 관계하는 모든 이들의 유익을 진심으로 도모하는 사람.

이런 사람은 죽는 날까지 그리스도의 장성한 분량에 이르기까지 줄곧 거룩한 성숙을 이루어가며 '생육하고 번성하여 많은 피조물들을 다스리게'(창 1:28) 됩니다.

이런 거룩한 성숙과 건강한 성공을 방해하는 두 가지가 있습니다.

첫째, 자신의 경건함으로 하나님의 인정을 받으려는 욕망

둘째, 물질적인 부를 통해 자신의 안전을 꾀하려는 욕망

곧 기복신앙을 말합니다. 그렇게 한다고 원하는 바가 이루어지는 것이 절대로 아닙니다. 이런 태도는 사람이 봐도 옳지 않은데 하나님께서는 오죽하시겠습니까? 예수님께서 말씀하십니다. "거룩한 것을 개에게 주지 말며, 너희 진주를 돼지 앞에 던지지 말라. 그들이 그것을 발로 밟고 돌이켜 너희를 찢어 상하게 할까 염려하라"(마 7:6).

거룩한 것은 과연 무엇이며, 개나 돼지는 누구일까요?

'거룩한 것'은 하나님의 말씀이고 '개나 돼지'는 이방인들, 하나님을 모르거나 믿지 않는 사람들일까요? 어떤 교파에서는 세례 받지 않은 사람(개)들에게 성찬(거룩한 것)을 베풀어선 안 되는 근거로 이 말씀을 인용하기도 합니다.

이 말씀에 대한 해석들은, 하나님을 믿는 나는 거룩한 것이 무엇인지 알고 또 받을 자격이 있고 하나님을 믿지 않는 사람들은 그럴 자격이 없다는 식인데, 모두 잘못된 것입니다. 이스라엘이 하나님으로부터 질책당한 것은 '왜곡된 선민의식'과 '기복신앙' 때문임을 잊지 말아야 합니다. 올바른 신앙태도는, 나는 그 어떤 자격이 없음에도 하나님의 사랑과 은혜로 살고 있음을 언제나 감사하며 겸손하게 사는 것입니다. 이 말씀의 뜻에 담긴 깊은 의미를 찾아봅시다.

'거룩'이란 말의 뜻은 이미 앞서 언급한 바 있습니다. 거룩은 히브리어 '카도시'로서 가장 기본적인 뜻은 '구별하다'입니다. 그런데 구별하는 방법도 여러 가지입니다. 까마귀 무리 중에 한 마리의 백로도 구별되고, 백로 무리 중에 까마귀 한 마리도 구별됩니다. 구별의 방향과 방법에 따라 정반대의 결과가 됩니다. 카도시의 뜻은 '밝게 빛나다', '따뜻하다', '새롭게 하다', '헌신하다' 등 여러 개가 있습니다. 이런 뜻들이 하나님께서 원하시는 구별의 방향과 방법을 잘 드러내고 있습니다.

거룩의 원천이신 하나님의 뜻이 무엇인지 알려주는 중요한 구절이 있습니다.

여호와 하나님이 땅(아다마)에 비를 내리지 아니하셨고 땅을 갈 사람(아담)도 없었으므로 들에는 초목이 아직 없었고 밭에는 채소가 나지 아니하였으며(창 2:5).

이 말씀에서 땅은 '아다마'이고 사람은 '아담'입니다. 땅은 아담에 의해서 결정된다는 뜻입니다. 아담은 최초의 남자 이름(고유명사)이기도 하지만, '사람'이라는 보통명사이기도 합니다. 즉 내 인생이 아름다운 꽃과 열매로 가득할 것인지, 아니면 엉겅퀴와 가시나무로 뒤덮일 것인지, 나에 의해서 결정됩니다.

여호와 하나님이 흙으로 각종 들짐승과 공중의 각종 새를 지으시고 아담이 무엇이라고 부르나 보시려고 그것들을 그에게도 이끌어가시니 아담이 각 생물을 부르는 것이 곧 그 이름이 되었더라(창 2:19).

하나님께서 각 사물들의 이름을 아담에게 가르쳐주신 것이 아니라, 아담이 부르는 그대로 피조물의 이름이 되었다는 뜻입니다. 예를 들자면, 아담이 사자에게 쥐라고 이름을 지어주면, 사자의 용맹은 사라지고 쥐의 비겁함만 남게 된다는 것입니다.

이 말씀이 의미하는 바 역시 하나님께서 내게 맡기신 것들이 나에 의해서 결정된다는 것입니다. 값진 것을 주셨지만 더럽고 가치 없는 것이 되기도 하고, 하찮은 것들을 주셨지만 둘도 없는 값진 것이 되기도 합니다.

돈이나 권력은 저마다 갖기를 소원하는 좋은 것입니다. 그런데 히틀러가 권력을 쟁취하였습니다. 그 권력으로 2차 세계대전을 일으키고 6백만 명의 유대인을 학살하였습니다. 권력으로 자신과 패거리들의 이익만 챙기는 일은, 귀한 것을 더럽고 추한 것으로 만드는 것이며, 아무리 지위가 높아도 그는 예수님께서 말씀하신 '진주를 짓밟는 개나 돼지'입니다.

건강, 지식, 외모, 가정환경… 잘 생각해보십시오. 없다고 한탄하는 데 골몰하지 말고 나에게 주신 하나님의 선물들이 무엇인가 점검해보십시오. 아무리 생각해도 받은 것이 생각나지 않습니까? 생명과 시간을 받지 않았습니까? 이것은 돈으로는 살 수 없는, 어떤 진주와도 비교되지 않는 값진 것입니다. 그런데 그 소중한 것으로 나는 뭘 하고 있는가, 찬찬히 생각해보십시오.

만약 불평만 하고 있거나 탕진하고 있거나 자신의 이득만 챙기고 있다면, 그것이 바로 예수님이 말씀하신 돼지이며 개입니다.

그렇다면 가장 값진 것이 무엇일까요?

내게 가장 귀한 것

각 종교마다 규율들이 있습니다. 규율을 열심히 행하면 신神으로부터 복을 받아, 첫째 신의 반열에 오르고, 둘째 잘 먹고 잘 살고, 셋째 죽어서는 좋은 곳으로 간다고 가르칩니다. 그래서 열심히 행합니다. 그 결과, 잘한 사람과 잘못한 사람들 간에 수많은 계급이 생기고, 잘한 사람들은 잘못한 사람들 위에 군림합니다. 이것은 모든 종교의 공통점입니다.

그런데 하늘로부터 하나님의 말씀이 들려왔습니다. "아니다. 너희들은 태초부터 나의 형상으로 창조된 하나님의 자녀들이다." 그리고는 가장 비천한 계급으로 살던 노예들을 구원하고 십계명을 주셨습니다. 십계명의 정의는, '하나님의 자녀가 되는 규율'이 아니라 '하나님의 자녀답게 사는 길'입니다. 자유와 사랑과 공의와 풍성함을 누리며 베푸는 최고의 길입니다.

그런데 그것을 유대교 종교지도자들과 바리새인들은 2,134개의 규율로 만들어 지키게 했습니다. 유래를 찾을 수 없는 2,134개의 감옥과 계급이 생겼습니다. 더불어 억압과 감시와 정죄와 차별과 부조리 등 온갖 나쁜 것들이 생겨났습니다. 하나님께서는 도저히 그냥 볼 수 없어 당신의 아들을 보내셨습니다. 그러나 그들은 사랑과 자유와 공의와 풍성함을 회복케 하려는 예수님을 십자가에 달아버렸습니다. 최고의 진주이신 예수님의 가치를 모르고 그 진주를 발로 밟고 산산이 부숴버렸습니다. 그러나 예수님은 부활하셨습니다. 예수님의 부활은 부순다고 부서질 진주가 아니라는 것입니다.

예수님의 부활을 목도한 초대교인들은 하나님의 구원을 온전히 구가하였습니다. 일곱 귀신들렸던 창녀 막달라 마리아와 헤롯의 최고 권력자 재정장관의 아내 요안나가 함께 일했습니다. 이는 하나님의 구원의 한 단면입니다. 하나님의 구원에는 차별이 없습니다. 인종, 신분, 계급 재산 유무를 따지지 않고 함께 나누었습니다. 죽음도 두려워하지 않는, 세상이 감당치 못하는 존재들이 되었습니다. 영적으로 눈을 떴다는 것이고, 억압에서 벗어났다는 것이며, 하나님의 거룩한 것을 그답게 사용하였습니다.

그런 기독교가 천여 년이 지나는 동안 다시 계급화되었습니다. 교황은 세속의 왕들 위에 군림했고, 죄를 사하는 하나님의 권한까지 행사하며 면죄부를 팔았습니다. 그래서 종교개혁이 일어났습니다. 다시 원래의 하나님이 원하시는 대로 되돌려놓았습니다.

그로부터 600여 년이 지난 오늘, 기독교는 다시 계급화되었습니다. 목사는 스스로를 하나님의 반열에 올려놓고 왕처럼 군림합니다. 교인들을 종교생활에 몰입시킵니다. 교인들은 그렇게 하지 않으면 하나님의 벌을 받을까 두려워하며 지시에 맹종합니다. 가뜩이나 무거운 삶의 짐이 더욱 무거워집니다.

현재 기독교의 잘못된 신앙 행태를 비판하자는 것이 아닙니다. 그 실태를 올바로 깨닫고 주님께서 주신 자유와 생명과 사랑의 길을 다시 가자는 것입니다. 다른 말로 하면, 진주의 가치를 모르고 짓밟는 개와 돼지가 되지 말고 그 가치를 누리고 베풀자는 겁니다.

하나님께서는 우리 한 사람 한 사람을 하나님의 형상으로, 진주와는 비교할 수 없는 존귀한 존재로 창조(창 1:27)하셨습니다. 하나님께서 흙으로 사람을 지으시고 그 코에 생령을 불어넣으셨습니다. 곧 사람은 흙으로 지은 육적 생명과 하나님으로부터 온 영적 생명의 결합체로서 '생령', 곧 살아 있는 영이라는 것입니다.

왜 우리에게 성령을 불어넣으셨을까요?

성령은 하나님의 깊은 뜻을 통달케 하는 영(고전 2:10) 곧 '진리의 영'이시기 때문입니다. 하나님의 마음을 읽어라, 그 사랑을 받아라,

그 뜻에 따라 살라는 것입니다.

하나님이 그들에게 복을 주시며 하나님이 그들에게 이르시되, 생육하고 번성하여 땅에 충만하라, 땅을 정복하라, 바다의 물고기와 하늘의 새와 땅에 움직이는 모든 생물을 다스리라 하시니라(창 1:28).

"그들에게 복을 주시며."

태초부터 '이미' 한 사람, 한 사람에게 복을 주셨습니다. 하나님의 복은 하나님께 치성을 드린다고 내려지는 것이 아니라, 이미 내 안에 가득 채워주셨습니다.

"생육하고 번성하라. 땅에 충만하라."

'생육'은 히브리어 파라_parah_로 '열매를 맺다'는 뜻입니다. '번성하라' 이미 주신 복을 개발하여 많은 열매를 맺으라는 것입니다. '충만하라' 온 땅에 생명의 열매를 퍼뜨리라는 것입니다.

"모든 생물을 다스리라."

'다스리다'에 해당되는 히브리어 라다_radah_는 '돌보다', '살게 하다'는 뜻입니다.

다윗의 왕국이 최고의 태평성대를 누리게 되자, 다윗은 백성과 군대의 수를 계수하라 명합니다. 그런데 이상하게도 그 일은 하나님께서 '이스라엘을 향하여 진노하사 저희를 치시려고' 하신 일입니다. 그 일로 인하여 삼일 동안 이스라엘 전역에 온역이라는 전염병이 돌아 7만 명이나 죽게 됩니다. 강한 의문이 듭니다. 왕이 백성과 군대의 수를 세는 것이 왜 죄일까요?

하나님께서 이스라엘과 다윗을 세우신 목적은 '부국강병'과 '만사형통'이 아니기 때문입니다. 하나님이 다윗에게 권력과 부와 명예를 주신 것은 다른 사람들과 피조물들을 효율적으로 잘 돌보라는 뜻입니다. 그런데 다윗은 얼마나 모았는지 얼마나 많은 업적을 이룩하였는지 세어본 것입니다.

우리 모두에게 좋은 것을 많이 주셨습니다. 나를 잘 계발하여 많은 열매를 맺으라는 것입니다. 혹시 그 열매를 창고에 쌓아두고 세고 있지 않으십니까? 그러지 말기로 합시다. 그저 감사한 마음으로 산적한 주님의 일을 힘써 행하면 됩니다. 많은 열매를 맺어 나 살고 남 살리는 주님의 뜻에 따라 살기만 하면 됩니다. 인재를 발굴하고, 어려운 이웃들을 돕는, 하나님이 너무나 기뻐하실 일 말입니다.

저주스러운 십자가마저 가장 거룩한 것으로 바꾸신 예수 그리스도를 위하는 일, 거룩한 것을 거룩하게 만드는 일에 동참하지 않겠습니까?

산상수훈이
기도가
되게 하라

구하라, 그리하면 너희에게 주실 것이요.
찾으라, 그리하면 찾아낼 것이요. 문을 두드리라,
그리하면 너희에게 열릴 것이니 구하는 이마다
받을 것이요. 찾는 이는 찾아낼 것이요.
두드리는 이에게는 열릴 것이니라.

_ 마 7 : 7 - 11

산상수훈을 마음에 새기며
그 말씀이 삶이 되게 하십시오.

최고의 수재들이 모인 카이스트에 학생 네 명이 연이어 스스로 목숨을 끊었습니다. 그 충격은 가족과 학교를 넘어 우리나라 모든 사람들의 마음을 흔들어놓았습니다. 감당하기 힘든 학업 스트레스에 슬픈 소식까지 더해져 어찌할 바 모르는 수재들 앞에서 개그맨 김제동은 말했습니다. "별것 아니라 생각하면 진짜 별것이 보이기 시작합니다."

저마다 간절히 원하는 것이 있습니다. 그게 없으면 죽을 것 같고, 그것만 있으면 이 위기를 넘길 수 있을 것 같습니다. 하지만 그것은 아득히 있어 잡을 수가 없습니다. 카이스트 학생들에게 그것은 학업 성적이었습니다. 왜 좋은 성적을 올려야 하는 것일까요? 살아남기 위해서입니다. 그런데 좀 더 넓게 생각해볼 수 있는 문제입니다. 과연 좋은 학교에서 좋은 성적을 내야지만 살 수 있는 것일까요? 여러분들에게 자신의 목숨까지 담보할 수 있는 '별것'이 있습니까?

있다면 무엇입니까? 스스로에게 한번 물어보십시오. 그것이 그토록 중요한 것입니까? 어쩌면 별것이 아닐지도 모릅니다. 아니, 분명 별것이 아닙니다. 김제동의 말도, 저의 말도 아닙니다. 예수님께서 하신 말씀입니다.

염려하여 이르기를 무엇을 먹을까 무엇을 마실까 무엇을 입을까 하지 말라. 이는 다 이방인들이 구하는 것이라. 너희 하늘 아버지께서 이 모든 것이 너희에게 있어야 할 줄을 아시느니라(마 6:31-32).

이 말씀은 사람들이 얻으려고 애쓰는 모든 것, 없으면 죽을 것 같은 그것이 사실은 별것 아니라는 뜻입니다. 의식주 역시 별것 아니라는 뜻입니다.

들에 핀 이름 모를 꽃 한 송이도, 하늘을 폴폴 나는 새 한 마리도 돌보시는데, 하물며 하나님의 자녀인 우리를 그냥 내버려두시겠습니까? 그러니 '별것 아닌 것'에 목숨 걸지 말고, '진짜 별것'을 보라는 뜻입니다.

그런데 중요한 것은, 들꽃이나 새는 진짜 별것을 볼 필요가 없지만, 하나님의 자녀인 우리는 반드시 진짜 별것을 찾고 보아야만 합니다.

예수님께서 말씀하십니다. "구하라, 그리하면 너희에게 주실 것이요. 찾으라, 그리하면 찾아낼 것이요. 문을 두드리라, 그리하면 너희에게 열릴 것이니 구하는 이마다 받을 것이요 찾는 이는 찾아낼 것이요 두드리는 이에게는 열릴 것이니라"(마 7:7-8).

내가 바라고 원하는 것이 있습니다. 그것을 얻는 길이 있다고 배웠습니다. 바로 기도입니다. 기도를 열심히 하면 언젠가는 하나님께서 그 소원을 이루어주신다고 배웠습니다.

지금 우리는 전지전능하신 하나님의 약속 앞에 있습니다.

예수님이 듣기 원하는 기도

자, 지난날들을 되돌아봅시다.

하나님의 약속을 믿고 내가 원하는 것을 이루어주십사 열심히 기도했습니다. 그런데 이루어지는 것보다 그렇지 않은 것이 훨씬 더 많습니다. 왜 그럴까요? 하나님의 약속이 틀린 것일까요? 그럴 리 없습니다. 목회자나 앞서 가는 신앙의 선배들이 조언합니다. 그 조언은 때로 황당할 때가 많습니다. 기도 시간이 너무 짧다고 합니다. 혹은 기도 방법이 잘못되었다고 합니다. 부르짖어 기도하라고 합니다. 정성이 부족하다고도 합니다. 헌금을 바치며 기도했습니다. 각

종 방법들로 기도해보았습니다. 열심히 했지만 응답받지 못합니다.

그러다가 중요한 말씀을 듣게 됩니다. "구하여도 받지 못함은 정욕으로 쓰려고 잘못 구하기 때문이라"(약 4:3). "아, 그랬구나. 욕심을 따라 구했구나." 그래서 내 소원을 하나님의 것처럼 보이도록 포장합니다. "이 사업이 잘되어야 제가 하나님께 더 헌금할 수 있습니다. 하나님의 영광을 보여주십시오", "수익을 남기면 반드시 좋은 일에 쓰겠습니다" 등 각종 회유책을 씁니다. 하지만 그렇게 해도 나아질 기미가 별로 없습니다.

그러다가 또 중요한 말씀을 듣게 됩니다. "아무것도 염려하지 말고 오직 모든 일에 기도와 간구로, 너희 구할 것을 감사함으로 하나님께 아뢰라"(빌 4:6). "아, 그랬구나! 감사함으로 아뢰지 않았구나." 그래서 감사한 마음을 가지려고 애를 쓰며 기도합니다.

이런 과정을 거치다 기도를 포기하는 사람들도 있습니다. 물론 응답받는 사람들도 있습니다. 하지만 예수님께서 바라는 깊고도 자유로운 세계로 들어가는 사람들은 드뭅니다. 무엇이 잘못된 걸까요?

신앙생활을 열심히 하는 사업가 동창생이 그만 부도를 내고 수감되었습니다. 그에게 면회간 적이 있습니다. 그 친구는 감옥에서도 열심히 기도하고 성경을 읽으며 전도도 하고 있었습니다. 이전보다 훨씬 더 간절한 마음으로 기도했을 겁니다. 그 친구에게 이렇게 말했습니다. "그동안 너무 숨 가쁘게 살았다고 하나님께서 쉬라 하시는 거야. 하지만 기도하고 전도한다고, 하나님이 부도를 막아주실 거고, 빨리 감옥에서 빼내주시리라는 생각은 버리게."

기도해도 소용없다는 것이 절대로 아닙니다. 열심히, 때로는 목숨을 걸고 기도해야 합니다. 그런데 기도를 주문처럼, 성경구절을 부적처럼 사용해서는 안 된다는 것이지요.

감사가 빠진 기도는 효험이 없다고 생각합니다. 일주일 금식기도보다는 40일 금식기도가 효력이 많다고 믿습니다. 주의 종(목사)의 기도가 더 영험하다거나, 응답을 잘 받는 특별한 장소(기도원)가 있다거나, 방언기도가 더 능력이 있다고 생각합니다. 새벽기도를 며칠 빼먹었더니 나쁜 일이 생길 것만 같습니다. 이런 가르침과 생각들이 오늘날 한국 교회 내에 얼마나 만연해 있는지 경악을 금치 못합니다. 이런 생각이 바로 기도를 주문처럼 사용하는 예입니다.

예수님께서 구하라고 하시는 '진짜 별것'은 과연 무엇일까요?

산상수훈이 나의 기도가 되게 하라

'진짜 별것'을 찾아보기 위해서는 오늘 본문 말씀만 따로 놓고 봐서는 절대로 안 됩니다. 이 말씀만 놓고 기도하면, 하나님의 자녀들은 '떼쟁이'가 되어 버립니다. 아이들을 키울 때 많이 경험하지 않으셨습니까? 어린 자녀들이 막무가내로 원하는 것을 졸라댈 때마다 얼마나 진땀 빼셨습니까. 보통 심각한 문제가 아닙니다. 자식이 나이 들어서도 할 일은 하지 않고 부모님 돈만 타낼 생각만 하고 있다면, 그 부모는 설사 천하를 얻었어도 깊은 절망감에 빠질 수밖에 없습니다. 그런데 한국 기독교인들은 떼쟁이가 되어 사회로부터 외면당하고 있습니다.

예수님께서는 단계별로 여러 말씀들을 길게 설명하셨습니다. 그리고 결론적으로 이 말씀을 하셨습니다. 이 말씀처럼 산상수훈 전체의 내용이 삶에서 실현되기를 기도하라는 것입니다.

가장 먼저 예수님은 억압당하는 사람들과 저주 아래 자포자기한 모든 사람들에게 복이 있다고 하셨습니다. 아무리 하찮은 사람이라도 빛과 소금이라고 하셨습니다. 우리가 구할 것은 내가 처해있는 현실의 개선이나 부귀영화가 아닙니다. 예수님의 가르침을 믿고 용감히 출발하는 용기와 아무리 어려워도 헤치고 나갈 지혜와 한결같은 마음을 구해야 합니다.

분노하는 것은 곧 살인이며, 음욕을 목적으로 사람을 대하는 것은 곧 간음이라는 가르침을 받아들여야 합니다. 어떤 경우에도 모든 사람들을 하나님의 존귀한 자녀로 바라보게 해달라고 기도해야 합니다. 복수는 하나님의 소관, 모든 억울함을 하나님께 맡기고 오히려 원수마저 사랑하고 나를 핍박하는 사람들을 위하여 기도할 힘을 달라고 기도해야 합니다.

구제와 기도와 금식 등 종교생활을 통해, 하나님의 현존과 하나님과의 깊은 교제를 체험케 해달라고, 하나님의 선하시고 깊은 뜻을 점점 더 깊이 깨닫고 어떤 난관과 비판이 있어도 그 뜻에 따라 살게 해달라고 기도해야 합니다.

무엇을 먹을까 입을까 염려하지 않고 일용할 양식을 감사하며 하나님께서 내게 맡기신 일을 신나게, 어떤 경우에도 불의와 타협하지 않고 남을 살리는 일에, 하나님나라 건설에 즐거이 헌신하게 해달라고 기도해야 합니다.

남을 정죄하느라 생명을 낭비하지 않기를, 언제나 자신의 죄를 먼저 직시하기를, 나아가서 하나님의 신선한 영감을 공급해주시기를 기도해야 합니다.

이런 기도는 언제나 반드시 응답하십니다. 그래서 저주와 근심과 안일과 이기심의 어두운 방에서 나를 끄집어내어 하나님의 세계로 인도하십니다. 신음하는 내 영혼은 하나님의 기운을 얻고, 희미하던 하나님의 형상은 내게서 더욱 또렷해집니다. 그럴수록 삶은 형통과 평강을 구가합니다.

앤서니 데스테파노의 책 《즉답기도》에서, 하나님이 항상 '예스'라고 응답하시는 기도 목록이 나옵니다.

1. 하나님, 당신의 살아 계심을 보여주십시오.

2. 하나님, 저를 도구로 써주십시오.

3. 하나님, 제 마음을 넓혀주십시오.

4. 하나님, 이 고난을 통과하게 해주십시오,

5. 하나님, 저를 용서해주십시오.

6. 하나님, 제게 평안을 주십시오.

7. 하나님, 제게 용기를 주십시오,

8. 하나님, 제게 지혜를 주십시오.

9. 하나님, 이 위기가 전화위복이 되게 해주십시오.

10. 하나님, 저의 영적 운명을 발견하게 해주십시오.

우리가 하는 기도와의 다른 점을 발견하셨습니까?

어떤 분이 '즉답기도'라는 제목을 보고 이 책을 샀다가 크게 실망하였다는 서평을 인터넷에 올렸습니다. 왜 실망했을까요? 그가 구하는 것은 그저 건강과 돈과 만사형통인데, 그런 것과는 아무 상관이 없기 때문입니다. 그런데 이런 기도가 정말 중요한 기도들입니다. 그래서 하나님께서는 이런 기도에는 즉각 응답하십니다.

사랑하는 자여, 네 영혼이 잘됨 같이 네가 범사에 잘되고 강건하기를 내가 간구하노라(요삼 1:2).

그저 범사에 잘되고 몸이 건강해지는 만사형통과 무병장수만을 기도한다면, 하나님께 간절히 구하는 것은 어쩌면 아무짝에도 쓸모없는 돌이고 오히려 해가 되는 뱀일지도 모릅니다. 생명의 떡과 영혼의 생선 주시기를 원하는 하나님께서는 당연히 거절하십니다.

건강한 영혼이 모든 삶의 기초입니다. "하나님의 약속은 얼마든지 그리스도 안에서 예가 되니, 그런즉 그로 말미암아 우리가 아멘 하여 하나님께 영광을 돌리게 되느니라"(고후 1:20).

예수님의 산상수훈의 가르침을 마음에 새기며 그 말씀이 삶이 되게 하십시오. 어떤 처지, 어떤 경우에도 하나님의 약속은 예가 됩니다. 아름답고 풍성한 삶의 표본이 됩니다.

좁은 문은 어디에 있습니까

좁은 문으로 들어가라. 멸망으로 인도하는
문은 크고 그 길이 넓어 그리로 들어가는
자가 많고 생명으로 인도하는 문은 좁고
길이 협착하여 찾는 자가 적음이라.

- 마 7:13-27

다른 사람들을 살리는 힘입니다.
바로 예수님께서 보여주신 힘입니다.

스스로 판단하기에 여러분들은 강자입니까, 아
니면 약자입니까? 기준이 무엇인가에 따라 대답
이 각각 달라질 것입니다. 재산, 능력, 지위, 업적 등에 따
라서 약자일 수도 있고 강자일 수도 있습니다. 또 상황에 따라서도
달라집니다. 상사 앞에서는 비굴한 약자였다가, 부하 직원들 앞에
서는 무자비한 강자로 군림하는 사람들도 있습니다. 그런데 공통점
은 대부분의 사람들은 강자가 되려고 총력을 기울인다는 점입니다.
그러나 강자가 되기는 쉽지 않은 법. 그래서 많은 사람들은 약자로
서 억울함을 달래며 조심조심 살아갑니다.

인간 내면의 연약함과 아픔을 치유하는 데 평생을 바쳤던 스위스
의 의사요 심리 치료사 폴 투르니에의 저서 《강자와 약자 The Strong and
The Weak》에서 이 문제를 심도 있게 다루고 있습니다.

그에 따르면 모든 인간은 두 가지 본성인 '두려움'과 '공격성'에

반응한다는 것입니다. 두려움을 이기기 위해서 강해지려고 노력합니다. 그렇게 해서 힘을 갖게 됩니다. 그 힘은 무의식적으로라도 공격성으로 나타납니다. 타락한 인간의 본성 때문입니다. 오히려 네가 다칠 수 있으니, 날 건드리지 말라는 것입니다. 경제적으로 피폐한 북한이 최후의 생존 전략으로 핵무기 만드는 것에 매달리는 이유도 여기에 있습니다. 이에 남한은 두려움을 느끼고 북한을 제압할 더 강한 힘을 가지려고 애를 씁니다. 이 끝없는 경쟁에서 인간이 취할 수 있는 방법은 단 두 가지, 상대방을 겁주려고 으르렁대거나, 그들을 달래기 위해 부당한 양보를 하는 것입니다. 다람쥐가 쳇바퀴 돌 듯 개인이나 국가나 이렇게 반응하다가 때가 되면 사라집니다. 그래서 영원한 강자가 없습니다.

좁은 문으로 들어가라. 멸망으로 인도하는 문은 크고 그 길이 넓어 그리로 들어가는 자가 많고, 생명으로 인도하는 문은 좁고 길이 협착하여 찾는 자가 적음이라(마 7:13-14).

다 아는 말씀이지만, 정확히 이해해야 하는 중요한 말씀입니다.

하나님을 믿는 나는 이미 생명의 좁은 문으로 들어온 것이고, 하나님을 믿지 않는 저들은 파멸의 넓은 길로 갔다고 생각하기 쉬운데, 아닙니다. 기독교는 이미 세상에서 가장 많은 신도를 거느린 종교로서 넓은 문이 되었습니다. 또한 예수님의 산상수훈을 듣고 있는 사람들은 모두 하나님을 믿는 이스라엘 백성들입니다. 이를 오늘에 적용하면, 교회에 다니는 사람들을 대상으로 하신 말씀입니다. 현재 교회를 다니는 사람들을 둘로 나누면, 멸망으로 인도하는 크고 넓은 문으로 들어간 사람들과 생명으로 인도하는 좁은 문으로 들어간 사람으로 분류된다는 것입니다.

예수님께서 하신 이 말씀의 정확한 뜻은, 현재 하나님을 믿는 너희들은 대부분 멸망으로 인도하는 넓은 길로 가고 있으니까 돌이켜 생명으로 향하는 좁은 문으로 들어가야 한다는 것입니다. 입으로만 열심히 하나님께 부르짖는 사람들이 모두 천국에 들어가는 것이 아니라고 하십니다.

그날에 많은 사람들이 나더러 이르되, 주여 주여 우리가 주의 이름으로 선지자 노릇 하며 주의 이름으로 귀신을 쫓아내며 주의 이름으로 많은 권능을 행하지 아니하였나이까 하리니, 그 때에 내가 그들에게 밝히 말하되 내가 너희를 도무지 알지 못하니 불법을 행하는 자들아, 내게서 떠나가라 하리라(마 7:22-23).

어떤 사람이 하나님을 열심히 섬겨서 귀신까지 물리치고 수많은 권능을 행사하는 강자, 교회 다니는 사람이라면 누구나 부러워하고 추종하는 능력의 종이 되었습니다. 그런데 놀랍게도 예수님은 이들을 '도무지 알지 못하는 자', '불법을 행하는 자'라고 단언하시면서 예수님으로부터 멀리 떨어지라고 하십니다.

도대체 무엇을 잘못한 것일까요? 그렇다면 하나님을 찾지도 말고, 주의 이름으로 귀신도 내쫓지 말고 권능도 행하지 말라는 것일까요? 아닙니다. 누구보다 열심히 하나님을 찾아야 합니다. 때로는 부르짖어 기도해야 하고 주님의 이름으로 귀신을 당연히 내쫓아야 하고 받은 은사를 누구보다 열심히 행해야 합니다.

그렇다면 무엇이 문제일까요?

저울질은 이제 그만

그들의 열매가 좋지 않았기 때문입니다.

거짓 선지자들을 삼가라. 양의 옷을 입고 너희에게 나아오나 속에는 노략질하는 이리라. 그들의 열매로 그들을 알지니, 가시나무에서 포도를, 또는 엉겅퀴에서 무화과를 따겠느냐(마 7:15-16).

하나님의 이름으로 엄청난 능력을 행하는 사람이라도, 그 능력으로 다른 사람들을 추종자로 만들고 자신의 이득을 챙긴다면 그는 거짓 선지자요, 도둑이요, 이리라는 것입니다. 왜 이런 일들은 예나 지금이나 흔한 현상이 되버린 것일까요?

모든 종교는 신을 잘 섬기면 복을 받아 자신을 강화할 수 있다고 가르칩니다. 때로는 욕망을 다스리며 스스로 약자가 되어 조용히 착하게 살라고, 그러면 다음 세상에서 영생불멸의 삶으로 보상을 받는다고 가르칩니다. 또한 모든 종교는 각자 절대적인 신을 섬기며 지배영역을 확대하려고 합니다. 당연히 각 종교의 충돌이 불가피해집니다. 바로 그 종교들이 가진 절대성으로 인하여 상대방에 대한 두려움과 공격성은 더욱 커져 종교 간의 전쟁이 그 어떤 전쟁보다 잔인성을 지니게 되었습니다. 그래서 절에 들어가 불상을 훼손하기도 하고 성당에 불을 지르기도 합니다.

과연 예수님께서도 나의 힘을 극대화시켜 다른 사람(특히 타종교인)들을 굴복시키라고 하실까요? 그렇다면 예수님의 구원은, 인간의 타락한 본성인 두려움과 공격성의 굴레에서 여전히 머물게 하는, 다른 종교와 전혀 다를 바 없는 것입니다.

지옥에 있던 유명한 설교가가 천국으로 가는 셔틀버스에 올랐습니다. 천국은 정말 아름다운 곳이었습니다. 사람들도 많았습니다. 그는 많은 사람들 앞에서 설교를 하고 싶었습니다. 높은 곳에 올라 외쳤습니다. 그런데 지상에서와는 달리 아무도 자신의 설교에 귀를 기울이지 않았습니다. 점점 더 열을 올리며 큰 소리로 설교하다가, 마침내 자신이 얼마나 유명한 설교가이며 능력있는 하나님의 종인데 내 말을 듣지 않냐며 화를 냈습니다. 그래도 사람들은 저마다 자신의 일에 몰두하였습니다. 자신을 알아주지 않는 천국에 화가 난 그 목사는 지옥으로 가는 버스에 다시 몸을 실었습니다. 함께 천국에 왔던 다른 사람들도 비슷한 이유로 지옥행 버스에 타고 있었습니다.

C.S. 루이스의 《천국과 지옥의 이혼 *The Great Divorce*》에 나오는 이야기입니다. 그 목사는 하나님의 말씀을 전하는 사람이었지만 자신의 성공에 초점을 맞추며 산 사람이었습니다.

예수님의 가르침은 차원이 전혀 다릅니다. 지금까지의 산상수훈의 가르침을 상기해보십시오. 모두 다 일상에 관한 것들입니다. 어떤 가치관과 태도로 세상을 살아야 하는지 가르쳐주셨습니다. 기도와 금식과 같은 종교행위도 하나님이나 다른 사람들에게 보이려고, 또 주문이나 부적처럼 사용하지 말고, 하나님의 거룩한 뜻을 깨닫고 하나님과의 관계를 굳건히 하라고 하셨습니다.

예수님의 이러한 가르침은, 종교생활을 통해서 강자가 되려고 해서도 안 되지만, 종교생활을 아무리 열심히 해도 강자가 되는 것이 아니며, 설사 되었다고 하더라도 의미가 없다는 것입니다. 예수님께서는 우리가 강자나 약자의 기준으로 저울질 하는 삶에서 벗어나 전혀 다른 존재가 되기를 원하십니다.

부당한 일을 당하고도 조용히 침묵하는 두 사람이 있다고 합시다. 그런데 한 사람은 소심하고 심약해서 항의했다가는 더 큰 봉변을 당할까 두려워 조용히 있었고, 다른 사람은 얼마든지 저항하고 보복을 할 수 있지만 자신을 잘 다스려 사랑의 힘으로 상대방의 부당함을 용서하였습니다. 두 사람의 겉모습은 같지만 속은 차원이 전혀 다릅니다. 그 차이가 예수님의 산상수훈의 본질을 드러냅니다. 한 사람은 두려움이라는 본능에 반응한 것이고, 다른 사람은 영적인 능력으로 반응한 것입니다.

예수님께서 원하시는 것은 바로 우리가 '영적인 사람'으로 변화되는 것입니다. 신앙의 힘, 영적인 힘은 다른 사람을 억누르고 자신을 강화시키는 힘이 아닙니다. 고요하지만 다른 사람들을 살리는 창조적인 힘입니다. 바로 예수님께서 보여주신 힘입니다.

예수님은 전지전능한 하나님이십니다. 그러나 단 한 번도 그 힘을 과시하지 않았습니다. 언제나 가난하고 힘없는 사람들을 살리는 데 쓰셨습니다. 때로는 무섭게 질책도 하시고 성난 사자처럼 성전을 척결하기도 하셨습니다. 그러나 모두 강한 자들의 교만과 횡포를 꺾으시고 바른 길을 가게 하기 위한 것이었습니다. 예수님에게는 공격성을 찾을 수 없습니다. 또한 로마 당국이나 유대교 지도자들의 위협이나 십자가 처형마저 두려워하지 않으셨습니다. 예수님에게서는 두려움을 찾을 수 없습니다.

예수님은 두려움과 공격성에서 자유로우셨습니다. 그리고 우리도 두려움과 공격성에서 벗어나 진정한 하나님의 제사장이 되기를 원하십니다.

사도 바울이 이에 대해 이런 말을 합니다. "내게 능력 주시는 자 안에서 내가 모든 것을 할 수 있느니라"(빌 4:13). 이 말씀은 예수를 믿으면 뭐든지 할 수 있고 성공한다는 뜻이 결코 아닙니다.

이 말씀을 '만사형통의 부적'처럼 믿다가 망한 사람이 한 둘이 아닙니다.

좁은 문으로, 가장 당당하게

잘 아는 집사님이 있습니다. 남편의 사업이 힘들어졌습니다. 그런데 지인으로부터 지방 도시의 장례식장에 투자하라는 제의를 받았습니다. 그래서 기도원을 찾았습니다. 열심히 기도하며 하나님으로부터 응답을 구하였습니다. 그런데 기도 중에 갑자기 "네 백성을 위로하라"는 글귀가 떠올랐고, 형언할 수 없는 큰 감동을 받았습니다. 하나님의 응답이 틀림이 없었습니다. 너무나 기뻐하며 감사헌금을 듬뿍 바치고 한걸음에 기도원을 내려와서 동원할 수 있는 모든 돈을 모아 투자했습니다. 결과는 어땠을까요? 회생 불가능한 파산 지경에 이르렀습니다. 그런데 여전히 똑같은 방법으로 돌파를 모색하고 있습니다. 하나님으로부터 응답을 구하고 돈을 모으고 사업을 시작하고…. 하지만 이제는 아무도 돈을 빌려주지 않습니다.

야고보 사도가 말합니다. "너희가 도리어 말하기를 주의 뜻이면 우리가 살기도 하고 이것 저것을 하리라 할 것이거늘, 이제도 너희가 허탄한 자랑을 자랑하니 그러한 자랑은 다 악한 것이라"(약 4:15-16).

오늘날 많은 목사들이 강조하며 독려하던 일을 믿음의 행위로 당연히 생각했는데, 놀랍게도 야고보 사도는 전면 부인하고 나섭니다. 내가 믿음이 좋아 하나님으로부터 응답을 받고 성공하였다고 말하는 것은 '허탄한 자랑'일 뿐 아니라 심지어는 '악한 것'이라고 못 박아 말합니다. '악한 것'은 하나님께서 싫어하는 것입니다. 극단적으로 말하자면, 종교생활을 열심히 하여 부와 권력을 얻었다고 하더라도 그것은 결코 하나님께서 주신 것이 아닙니다. 우리의 통상적인 생각을 완전히 뒤집는 매우 심각한 말씀입니다.

이 말씀을 올바로 이해하기 위해서는 기독교의 근원으로 거슬러 올라가야 합니다. 창세기와 출애굽기에는 하나님께서 기독교를 세우신 깊은 뜻이 기록되어 있습니다.

하나님께서 온 우주와 세상과 인간을 만드셨습니다. 그러나 하나님의 뜻을 거부한 인간들은 본능대로 열심히 살았습니다. 그런데 타락한 인간의 본능은 사탄의 지시대로 '탐욕에 따라' 움직였습니다. 그 결과 강자들이 생기고 약자들을 지배하며 착취하였습니다. 엎치락뒤치락 하였지만 언제나 강자와 약자의 계급이 있었습니다. 그런데 하나님께서 역사상 유례가 없는, 무려 430년간이나 노예 생활을 하던 약자 중의 약자, 도저히 자력으로는 구원할 수 없는 이스라엘 민족을 오로지 하나님의 능력으로 구원하십니다. 그리고 그들을 데려가신 곳은 광야였습니다.

광야는 자신이 노력한다고 해서 잘살 수 있는 곳이 아닙니다. 개인의 능력과 재주가 무력화되어, 강자와 약자의 구별이 자연히 없어지는 곳, 오로지 하나님의 인도하심과 보호로만 생존할 수 있는 곳입니다. 광야에서 하나님께서는 200만 명의 이스라엘 백성에게 만나를 먹이셨는데, 만나는 하루만 보관이 가능한 음식이었습니다. 더 많이 모았다고 해도 더 누릴 수 없는, 인간의 탐욕마저 무력화시키는 민주적인 음식이었습니다. 그 광야에서 이스라엘 민족은 40년간 훈련을 받습니다.

그들이 배워야 하는 것은 단 한 가지입니다. 영이신 하나님을, 눈으로 볼 수 있는 왕이요, 아버지요, 보호자요, 공급자요, 배우자로서 의지하고, 대화하고, 하소연하고, 부탁하고, 순종하고, 따르는 일입니다. 하나님을 생생한 인격으로서 가장 친밀한 관계를 맺는 것입니다. 구속과 간섭이 싫어 단독으로 행하거나, 권력이 탐나 세력을 형성하고 하나님 곁을 떠났다가는 기다리는 것은 곧 '외로운 죽음'입니다.

광야는, 오직 지고하신 하나님과, 힘을 합치고 서로를 도와야 하는 하나님의 자녀들만이 존재하는 곳입니다. 다른 말로 하면, 광야는 힘을 어디에 써야 하는지 가르쳐주던 곳입니다.

이것을 예수님께서는 이렇게 말씀하셨습니다. "마음과 목숨과 뜻을 다하여 주 하나님을 사랑하는 것"(마 22:37)과 "내 이웃을 내 몸과 같이 사랑하는 것"(마 22:39)입니다.

하나님과 이웃을 내 몸과 같이 사랑하는 마음과 태도는, 광야나 도시에서도 기원전 10세기나 21세기에서도 변함이 없어야 하는 기독교인의 가장 기본적인 것입니다.

사도 바울은 내게 능력 주시는 하나님 안에서 모든 일을 할 수 있다는 말씀의 참 뜻을 다음과 같이 설명합니다. "내가 비천에 처할 줄도 알고 풍부에 처할 줄도 알아 모든 일, 곧 배부름과 배고픔과 풍부와 궁핍에도 처할 줄 아는 일체의 비결을 배웠노라"(빌 4:12).

가난하다고 두려워하거나 비굴해지지도 않고, 또한 잘나간다고 으스대거나 뻐기지 않고 어떤 상황에서도 하나님의 자녀로서의 당당함과 고귀함을 잃지 않는다는 뜻입니다. 이것이 바로 예수님께서 우리가 들어가기를 바라시는 좁은 문이며, 어떤 경우에도 흔들리지 않는 초석이 됩니다.

이 굳건한 초석 위에 서기 위해서는, 무엇보다도 하나님을 경외하는 것입니다. 하나님만 누구보다 두려워하고, 하나님을 무엇보다 사랑하는 것입니다. 두려움에서 해방되는 유일한 길입니다.

하나님을 경외하는 사람은 세상 그 어떤 것도 두려워하지 않지만, 하나님을 두려워하지 않는 사람은 세상 모든 것이 두렵습니다.

이러한 영적인 힘은 하나님과의 지속적인 깊은 교제를 통하여 얻을 수 있습니다. 그 힘은 부드럽습니다. 따뜻합니다. 그러나 사탄의 능력까지도 격파하고 산마저 옮기고 만물을 새롭게 하는 울트라 슈퍼 파워입니다.

이 힘으로 무엇을 해야 할까요? "다만 하늘에 계신 네 아버지의 뜻대로 행하는 자라야 들어가리라." 주여, 주여 입으로만 하나님을 찾는 것이 아니라 하나님의 뜻대로 살 때 이 생명의 좁은 문에 들어갈 수 있습니다.

그렇다면 예수님께서 행하라는 '하나님의 뜻'이란 무엇일까요?

나는 예수 그리스도의 것

에덴동산에는 먹고도 남는 풍성한 열매를 맺는 나무들 사이에 선악을 알게 하는 나무와 생명나무가 우뚝 서 있었습니다. 선악을 알게 하는 나무는 하나님의 공의를 상징하고, 생명나무는 하나님의 영원한 사랑을 상징합니다. 이 나무들이 의미하는 바는 다음과 같습니다.

어떤 경우에도 하나님의 공의를 범하지 않으면 이 땅에서도 풍성한 열매를 얻을 수 있으며, 나아가서는 영생까지 누릴 수 있다는 것입니다. 그런데 아담과 이브는 선악을 알게 하는 나무의 열매를 먹었습니다. 하나님의 공의를 범한 것입니다. 그러자 풍성한 열매를 맺는 나무들은 시들고 가시나무와 엉겅퀴로 뒤덮여버렸습니다. 그리고 생명나무의 접근이 금지되었습니다. 하나님의 공의는 너무나 분명하고 간결합니다.

> 너희 중에 분깃이나 기업이 없는 레위인과 네 성중에 거류하는 객과 및 고아와 과부들이 와서 먹고 배부르게 하라. 그리하면 네 하나님 여호와께서 네 손으로 하는 범사에 네게 복을 주시리라(신 14:29).

객과 고아와 과부들을 반드시 돌보라는 명령이 신명기에만 무려 열한 번이 나옵니다. 그만큼 중요합니다. 그리스도의 마음을 품고 없는 사람, 가난한 사람들에게 사랑을 베풀고 도와주는 것, 다른 사람들을 살리는 것이 곧 하나님의 공의를 따르는 것이며 하나님의 뜻을 실천하는 것입니다.

부자가 삼대를 가기 힘들다고 합니다. 그런데 만석꾼 경주 최부잣집은 12대를 이어왔습니다. 일제 때 인재 양성을 위해 전 재산을 헌납하고 조용히 물러난 훌륭한 가문입니다. 경주 최부잣집 가훈은 이렇습니다. "진사 이상의 벼슬을 하지 말라. 재산은 1만 석 이상 지니지 말라. 손님을 후하게 대접하라. 흉년에는 땅을 사지 말라. 사방 1백 리 안에 굶어죽는 사람이 없게 하라."

하나님을 모르는 그들이 복을 누린 것은 욕심을 부리지 않고 주변 사람들을 돌보고 대접하면서 살았기 때문입니다. 하나님께서 세상을 운행하는 영원한 법칙, 사랑과 공의를 거스르지 않았기 때문입니다. 사랑과 공의의 삶을 살 때부터 하나님의 진짜 복이 임하기 시작합니다.

그러므로 누구든지 나의 이 말을 듣고 행하는 자는 그 집을 반석 위에 지은 지혜로운 사람 같으리니 비가 내리고 창수가 나고 바람이 불어 그 집에 부딪치되 무너지지 아니하나니 이는 주추를 반석 위에 놓은 까닭이요, 나의 이 말을 듣고 행치 아니하는 자는 그 집을 모래 위에 지은 어리석은 사람 같으리니 비가 내리고 창수가 나고 바람이 불어 그 집에 부딪치매 무너져 그 무너짐이 심하니라 (마 7:24-27).

능력과 은사를 받은 사람들을 부러워하지 마십시오. 그것으로 남을 휘두르고 자신의 이득을 챙긴다면, 그런 사람들은 '어리석은 사람'들이며, 그들을 추종하는 사람들은 더 어리석은 사람들입니다.

진짜 영적인 사람, 하나님의 참 자녀들은 예수님의 마음으로 사랑을 베푸는 사람들입니다. 이들은 지혜로운 사람들입니다. 어떤 풍파가 와도 잠시 흔들리기는 하겠지만 절대로 무너지지는 않습니다.

사도 바울은 그리스도인들을 '예수 그리스도의 것' (롬 1:6)이라고, 사람이 아닌 물건으로 묘사하였습니다. 이는 새로운 개념이 아닙니다. 로마 황제를 신으로 숭배하는 골수 로마시민들은 스스로를 '가이사의 것' 이라고 부르며, 그렇게 불리는 것을 최고의 영광으로 생각했습니다. 무소불위의 힘으로 최고의 번영을 이룩한 제국, 영광의 도시 로마에 사는 그리스도인들에게 사도 바울은 '가이사의 것' 이 아니라 '예수 그리스도의 것' 이라고 그 명확하게 명시하였습니다.

'예수 그리스도의 것' 은 하나님의 세계로 부름 받은, 전혀 새로운 존재라는 뜻입니다. 내 개인의 성별과 신분을 포함하여 가치관과 인생관까지 완전히 포기하고 예수님께 나를 하나의 도구로 드린다는 것입니다.

오늘날의 교회는 '주님의 몸 된 교회' 라는 표현을 사용하기 부끄러운, 세상에서 가장 넓은 문, 그러나 세상 사람들이 들어가기를 꺼려하는 지저분한 문이 되어버렸습니다. 진정으로 나를 '예수 그리스도의 것'으로 드릴 때 비로소 좁은 문으로 들어갈 수 있습니다.

최고의 번영을 누리게 한 로마 황제들은 사라졌습니다. 영원할 것 같았던 제국들도 갖가지 풍파에 흔들리다 사라졌습니다. 그러나 예수 그리스도와 그분이 가르쳐주신 하나님나라는 영원한 반석입니다. 그 위에 그대들을 세우십시오.

산 위의
예수가 전한
땅 위의 축복

사진 심리 치료photo therapy 전문가 홍경 씨는 "사람의 무의식 속에 감춰진 상처를 쉽고 정확하게 끄집어낼 수 있는 것이 바로 사진"이라고 정의했습니다. 그런데 홍경 씨의 깊은 고민은 그렇게 끄집어낸 상처를 치유할 방법이 없다는 것입니다.

목사인 제가 가진 고민도 홍경 씨와 같습니다. 기독교에서 가장 강력한 치유의 수단으로 믿음과 기도를 꼽습니다. 굳센 믿음과 열성의 기도는 능치 못할 일이 없다고 가르칩니다. 예수님께서도 '겨자씨만 한 믿음이 능히 산을 옮기고'(마 17:20) '기도 외에는 이런 유(類, 귀신)가 나갈 수 없다'(막 4:29)고 하셨습니다.

그래서 문제에 봉착하면 하나님을 붙잡고 열심히 기도에 정진합니다. 물론 문제가 해결되는 경우도 간혹 있긴 하지만, 손에 꼽을 수

285

있을 정도입니다. 그리고는 응답받지 못한 이유를 믿음이 적고 기도가 부족하기 때문이라고 쉽게 말해버립니다. 그럴 때마다 무력감이 찾아옵니다. '과연 그런 것일까' 하는 깊은 회의에 빠지곤 합니다.

　기독교인들의 가장 흔한 착각과 오해는 이신 칭의(justification by faith, 오직 믿음으로 구원에 이른다는 교리)를 올바른 깨달음과 노력 없이도 하나님을 잘 믿고 섬기면 하나님의 기적적인 능력으로 인하여 온전해질 수 있다고 믿는 것입니다. 여기서 '온전'이란, 인격적인 성숙과는 무관한 현세적인 복을 하나님으로부터 받는 것이라 생각해 종교행위의 매진함을 뜻합니다.

　올바른 깨달음과 노력과 훈련을 강조하는 것은 '행위로 구원을 이룰 수 있다'는 뜻이 절대로 아닙니다. 기독교는, 예수 그리스도를 믿는 믿음과 종교행위의 매진으로 하나님의 자녀가 되어야 한다는 것이 아니라, 모든 인간은 태초부터 하나님의 자녀로 창조되었으며 예수 그리스도를 믿고 사랑하고 배우고 닮아서 "하나님의 자녀답게 되라"는 것입니다. 곧 그리스도의 장성한 분량에 이르기까지 성장하라는 것입니다.

　모든 인간은 네 단계로 분류할 수 있습니다.

　첫째, 본능의 단계입니다. 이 단계는 믿음은 전혀 찾아볼 수 없습니다. 원칙 없이 살아갑니다. 다른 사람과의 관계에서는 자신의 이익만을 도모합니다. 절대로 손해 보는 일은 하지 않습니다. 그러나 자기 의지가 기준이므로 혼돈 그 자체입니다. 설사 교회를 다니고 있다고 하여도 그저 습관적으로 다닐 뿐입니다.

둘째, 율법의 단계입니다. 이 단계에서는 제도와 규칙에 의존해서 자신을 통제하며, 교리나 신앙체계나 종교적인 형식에 매우 집착합니다. 이들에게 하나님은 그저 무시무시한 통제력으로 내 일거수일투족을 감시하는 존재입니다. 내가 잘하면 복을 주고, 죄를 지으면 벌을 내리는 존재입니다. 나쁜 일이 생기면 벌을 받았다고 두려워합니다. 좋은 일이 생기면 하나님께서 자신을 인정하셨다고 목에 힘을 줍니다. 대표적인 예가 바리새인들입니다.

셋째, 자율의 단계입니다. 이 단계의 사람들은 하나님이나 종교, 교리나 신앙 체계, 교회 제도 등에 대해 깊은 반감과 회의를 갖고 있습니다. 교회보다는 밖에서 책임감을 갖고 많은 일을 하며, 헌신적으로 봉사합니다. 자신의 삶에 대하여 책임지며 성실하게 살아갑니다. 겉모습은 종교적인 것과는 멀어 보이지만, 두 번째 단계 사람들보다는 영적으로 훨씬 앞서 있습니다.

마지막으로, 진리와 자유의 단계입니다. 이 단계의 사람들은 하나님과 깊은 관계를 맺으며, 하나님은 멀리 계신 것이 아니라 자신 안에 내재하심을 믿습니다. 하나님을 누구보다도 사랑합니다. 예수님처럼 살고 싶어 합니다. 하나님의 신비를 알고자 하며, 그래서 더 많은 신비와 조우하게 되고, 깊은 진리를 통달하게 됩니다. 죽음에 대한 공포에서 자유로워지고, 물질에 대한 집착 또한 점점 사라져버립니다. 그러면서도 언제나 생명의 일, 살리는 일에 관심을 둡니다.

우리 모두가 진리와 자유의 단계를 살아서, 하나님이 주신 생명과 시간과 재능을 가지고 헌신하는 길로 가는 방법을 《예수의 첫 수업》에 담아보았습니다.

여전히 아름다운 세상입니다. 하나님께서 창조하신 세상입니다. 하나님께서 누구보다 사랑하시는 우리가 즐기고 누리고 베풀라고 만들어주신 세상입니다. 훗날 하나님 아버지께 오라 하실 때 한 걸음에 달려가, "아버지, 여행 잘 마치고 돌아왔어요. 정말 신나고 즐거운 여행이었어요!"라고 외치기를, 이 땅에서의 삶에 회한이 없기를 바라마지 않습니다.

2012년 5월
꽃이 지천에 깔린 북한산자락에서
신우인